DICAS FITNESS

Instituto Phorte Educação
Phorte Editora

Diretor-Presidente
Fabio Mazzonetto

Diretora Financeira
Vânia M.V. Mazzonetto

Editor-Executivo
Fabio Mazzonetto

Diretora Administrativa
Elizabeth Toscanelli

Eva Andressa

DICAS FITNESS

FALANDO DE BOA FORMA E SAÚDE

São Paulo, 2015

Rua Rui Barbosa, 408
Bela Vista – São Paulo – SP
CEP 01326-010
Tel./fax: (11) 3141-1033
Site: www.phorte.com.br
E-mail: phorte@phorte.com.br

CIP-BRASIL. CATALOGAÇÃO NA PUBLICAÇÃO
SINDICATO NACIONAL DOS EDITORES DE LIVROS, RJ

A578d

Andressa, Eva
Dicas fitness : falando de boa forma e saúde / Eva Andressa. - 1. ed. - São Paulo : Phorte, 2015.
224 p. : il. ; 23 cm.

ISBN 978-85-7655-594-0

1. Educação física. 2. Exercícios físicos. I. Título.

15-26961 CDD: 613.71
CDU: 613.71

---

ph2400.1

Este livro foi avaliado e aprovado pelo Conselho Editorial da Phorte Editora.

Impresso no Brasil
Printed in Brazil

Dedico este livro a todas as pessoas que
acreditam no meu trabalho, que acompanham
minha trajetória e minha evolução profissional.

Em especial, à minha mãe, a pessoa que me
levanta sempre que caio e me faz seguir
em frente com muito mais garra.

Também dedico à D. Socorro, minha ex-sogra,
uma fã incondicional que sempre acreditou nos
meus sonhos e que sempre estará no meu coração.

A todos aqueles que acreditam
nos seus sonhos e correm atrás deles,
independentemente das circunstâncias.

Agradecimentos

É impossível conquistarmos algo na vida sem a ajuda direta ou indireta de algumas pessoas. Às vezes, inclusive, alguém nos ajuda sem saber. Por exemplo, quando uma pessoa elogia o meu trabalho dizendo que mudou seus hábitos alimentares e começou a praticar atividade física depois que me conheceu, isso me faz ver que tudo o que estou fazendo realmente vale a pena e me incentiva a elaborar novos projetos voltados aos meus fãs.

Comecei a escrever o *Dicas fitness* sem muitas pretensões. Pensava em colocar essas dicas em um *blog*, mas vi que poderia ser interessante publicá-las em forma de livro, pois isso chamaria mais a atenção das pessoas e atingiria um número maior de leitores. Minha mãe foi uma grande incentivadora. Quando eu disse a ela que estava escrevendo um livro, ela ficou superfeliz e orgulhosa. Toda vez que me encontrava, ela perguntava: "E aí, filha, está escrevendo? Não desista!". Aliás, ela é minha maior incentivadora em tudo.

Quando eu já tinha quase concluído o livro, não fazia ideia de como apresentá-lo às editoras para que fosse publicado. Foi então que encontrei um "anjo" que trabalha na Phorte Editora. José Antonio Lima Júnior, esse é o nome dele; a pessoa que acreditou no meu sonho, que apostou no meu projeto. Muitas vezes, eu já desanimada com a loucura do dia a dia, e ele sempre lembrando que eu tinha que terminar o livro para colocarmos o projeto em prática.

Depois de finalizado o texto do livro, era necessário providenciar as imagens, e tudo tinha um tempo curto para ser feito, já que havíamos estipulado uma data de lançamento. Foi aí que contei com o trabalho da equipe da Atlhetica Nutrition, que foi superatenciosa e cuidadosa ao fazer o ensaio fotográfico. Em especial, o fotógrafo Gabriel Gardini, que se propôs a ajudar mesmo com uma carga alta de trabalho.

Também não posso deixar de agradecer ao querido amigo e superprofissional, o nutricionista Rodolfo Peres, que fez a gentileza de escrever o prefácio, engrandecendo esta obra.

Enfim, agradeço a todos que, de alguma forma, tornaram este livro uma realidade, nem que seja em forma de incentivo. Quando as palavras são verdadeiras e vêm do coração, valem mais que tudo.

Atlhetica
NUTRITION

Apresentação

Este livro foi elaborado de uma maneira prática e de fácil entendimento. Percebo que há muita falta de informação em relação ao mundo *fitness*. Recebo muitos *e-mails* e mensagens de pessoas que querem sair do sedentarismo, mudar de vida, mas não sabem por onde começar. Em geral, perguntam sobre treino, alimentação e pedem alguma dica. Porém, o número de pessoas é tão grande que é impossível responder a todas.

Por isso, resolvi pesquisar as dúvidas mais frequentes e colocar tudo em um livro. Coloquei também minhas experiências, pois estou nesse meio há mais de dez anos. Já fui atleta e hoje, como modelo *fitness*, procuro continuar vivendo com qualidade e saúde.

Vale lembrar que alguns capítulos são de especial interesse do público feminino.

Espero que este livro seja o ponto de partida para você dar início à mudança na sua vida. Só depende de você, do seu esforço e da sua disciplina. Faça isso por você!

É importante lembrar: quando for mudar sua dieta ou seu treino, procure a orientação de profissionais qualificados.

Boa leitura!

Prefácio

Ter hábitos saudáveis traz benefícios que vão muito além da aparência física. Uma alimentação adequada e a prática regular de exercícios físicos produzem efeitos que impactam diretamente o nosso dia a dia: aumento da disposição, melhora do humor, redução do estresse, mais autoestima, menos doenças e maior longevidade. Em um primeiro momento, viver em dieta pode parecer muito difícil, mas as vantagens são grandes, e, com o tempo, todo o esforço inicial se tornará fácil e prazeroso. Cuidar da saúde é fundamental para nosso bem-estar e felicidade.

A alimentação não é fruto apenas de escolhas individuais, mas é influenciada pelo ambiente e pelas nossas relações sociais. Portanto, o início de qualquer dieta deve ser acompanhado de uma mudança no estilo de vida. Para que o novo comportamento se torne um hábito, é necessário ter persistência e muita disciplina, principalmente durante a fase de adaptação. O tempo que isso leva varia de uma pessoa para outra, mas o importante é começar.

Na natureza não existem recompensas ou castigos, e sim, consequências. Em geral, a alimentação do indivíduo reflete outros aspectos de sua vida. É fácil perceber que existem grandes diferenças entre a alimentação de uma pessoa obesa e a de outra com o corpo bem trabalhado, simplesmente olhando para elas. Entretanto, não será a alimentação de hoje ou de amanhã que surtirá o efeito esperado, mas a rotina alimentar contínua de semanas, meses e anos.

Só que, atualmente, tudo parece conspirar a favor do sedentarismo e da alimentação errada. Comidas práticas, saborosas, ricas em gorduras e carboidratos, com teores elevados de aditivos químicos, tomam conta das prateleiras dos supermercados, enquanto alimentos integrais ou orgânicos ficam escondidos nos cantos das gôndolas. Para piorar, os inúmeros avanços tecnológicos do mundo contemporâneo e os confortos da vida moderna têm reduzido cada vez mais nosso gasto energético diário. O resultado é o aumento na prevalência de várias doenças, incluindo a obesidade. Atualmente, mais da metade da população brasileira adulta está acima do peso.

Quem lucra com isso é a chamada "indústria do emagrecimento", que leva milhares de pessoas a acreditar em fórmulas mágicas, dietas milagrosas ou medicamentos modernos que prometem resolver o problema de forma fácil e rápida. Só que, antes de começar um trabalho sério para diminuição de gordura, a pessoa deve estar muito consciente de suas escolhas. De um lado, o prazer de se olhar no espelho e ver um corpo bem torneado e saudável, que provavelmente irá despertar a admiração de outras pessoas também; de outro lado, o prazer de comer à vontade, sem qualquer tipo de controle. Muito embora seja possível seguir uma dieta saudável e saborosa, comer de tudo sem engordar é privilégio de uma minoria da população, geneticamente favorecida.

Neste livro, a modelo e ex-atleta Eva Andressa apresenta 54 dicas inspiradoras para motivar quem ainda não se convenceu dos benefícios de uma alimentação mais saudável, somada à prática regular de exercícios físicos. De uma forma simples e didática, Eva compartilha o que aprendeu sobre treinamento e nutrição, trazendo algumas respostas para dúvidas que a maioria das pessoas tem. Mesmo quem já aderiu a um novo estilo de vida vai tirar proveito da leitura, pois verá o quanto vale a pena manter o foco e não desistir de seus objetivos. Não existem atalhos.

O livro também irá mostrar como o acompanhamento de um nutricionista e de um professor de educação física pode fazer toda a diferença. Na hora de escolher uma academia para treinar, fique atento à formação dos professores. Muitas academias preconizam apenas o lado comercial, buscando fidelizar o aluno com uma série de atividades lúdicas, em vez de valorizar o treinamento dos profissionais que ali trabalham. Um treino de baixa intensidade, monitorado pelo professor que apenas conta repetições, não irá mudar sua composição corporal.

Da mesma forma, não se deixe enganar pelas propagandas de suplementos e formulações milagrosas. Procure um nutricionista e siga uma dieta elaborada de acordo com as necessidades do seu organismo. Com paciência, disciplina e mudança de hábitos é totalmente possível perder gordura, conquistar o corpo dos seus sonhos, sem perder a saúde.

A obesidade é apenas uma das muitas patologias relacionadas à alimentação. Outros transtornos, como bulimia, anorexia, vigorexia e ortorexia, atingem um número cada vez maior de pessoas, acometendo, sobretudo, adolescentes e adultos jovens. Todas essas disfunções devem ser observadas com muita atenção e tratadas de forma multidisciplinar: o treinador para preparar a rotina de exercícios; o nutricionista para elaborar o programa alimentar; e o médico especialista para ajustar qualquer desordem metabólica, hormonal, ortopédica ou psiquiátrica, sempre que necessário.

Rodolfo Peres – Nutricionista – CRN3 16389

Sumário

Mexa-se

Mexer o corpo é necessário. Todo e qualquer tipo de atividade física traz benefícios para nossa saúde. Às vezes colocamos a culpa na falta de tempo, mas hoje todos nós sabemos que, se reservarmos pelo menos 30 minutos do nosso dia para uma atividade física, nossa vida já se torna melhor. O importante é se mexer! Escolha algo que lhe faça feliz, algo com que você se identifique. Pode ser dança, futebol, corrida, luta... O simples fato de subir escadas já é uma atividade física. Mas o importante é você fazer disso um hábito.

Desde bem novinha eu sempre fui muito vaidosa. Sempre fui preocupada com minha estética. Quando minha mãe saía, eu ficava sozinha em casa, dançando em frente ao espelho; inventava coreografias, fazia movimentos de ginástica aeróbica. Também adorava fazer exercícios para o abdome, tudo isso na sala da minha casa. Eu e minha mãe sempre andávamos muito de bicicleta, fato que me rendeu algumas cicatrizes nos joelhos. Ou seja, eu já me mexia bastante. Mas foi aos dezessete anos que comecei a fazer musculação, e não parei até hoje.

Quando você descobre os benefícios da musculação, não consegue parar. Além de melhorar esteticamente, pois aumenta a massa muscular, deixando seu corpo torneado e definido, a musculação fortalece a musculatura, evitando lesões. Assim como os exercícios aeróbios, ela também é recomendada para a saúde do coração. Com o fortalecimento dos músculos, a frequência cardíaca e a pressão arterial sobem menos com o esforço.

O ideal é associar a musculação com atividades aeróbias. Dessa forma, você consegue atingir a "boa forma" e manter a saúde em dia, evitando doenças futuras.

2 Não deixe de lado o alongamento

Um assunto muito discutido é o melhor momento para fazer alongamento. Algumas pessoas gostam de alongar-se antes do treino, outras preferem depois. Há aquelas que alongam antes e depois, e até mesmo pessoas que não alongam nem antes e nem depois, ou seja, escolhem outro período para fazer alongamento ou sequer o fazem.

Eu, particularmente, prefiro reservar um momento só para o alongamento. Gosto de acordar, tomar meu café da manhã e me alongar em casa mesmo, ou à noite, depois das atividades do dia. Muitas pessoas acreditam que alongamentos antes do exercício "soltam" e preparam o corpo para ele. Mas, agora, pesquisadores estão descobrindo que esses alongamentos são contraprodutivos e, além disso, podem ser prejudiciais.

Segundo Kieran O'Sullivan, professor de Educação Física da Universidade de Limerik, na Irlanda, o grande problema é que não fazemos os alongamentos na hora certa. Quando alongamos os músculos antes do exercício, eles são forçados e, consequentemente, ficam contraídos. Isso causa uma grande dificuldade quando queremos nos mover mais rápido ou fazer mais força. As chances de nos machucarmos durante o exercício também aumentam.

O'Sullivan diz ainda que alongamentos fazem bem, porém não devem ser feitos apenas antes do exercício, mas sim depois da malhação ou ao final do dia. Nos últimos anos, vários estudos mostraram que alongamentos antes do exercício fazem que você fique mais fraco e mais lento. Analisando essas pesquisas, cientistas concluíram que pessoas que assim procedem, ao contrário do que se acreditava, têm mais chances de sofrer lesões durante o exercício.

Esse é um assunto que ainda será muito discutido. Mas devemos, sim, reservar um tempinho para o alongamento, pois nos dá maior flexibilidade e relaxa não só o corpo, mas também a mente, depois de um dia intenso de trabalho.

3

Aqueça antes do treino

É fundamental aquecermos nossa musculatura antes de qualquer atividade física. Devemos prepará-la antes de ser trabalhada com intensidade.

Quando se começa qualquer tipo de atividade física, o coração, os músculos e as vias de energia metabólica estimulam a ação. Para compensar os gastos exigidos pela atividade, os músculos se contraem e o coração é forçado a bater mais rápido para aumentar o fluxo de sangue e oxigênio. Na verdade, você começa a respirar mais rápido e o sangue extra é enviado para os músculos, de forma que possam trabalhar melhor. Como resultado, a oxidação dos ácidos graxos é capaz de queimar calorias para produzir automaticamente a energia necessária para a realização do treinamento.

Pular o aquecimento faz que nosso corpo passe por uma drástica mudança rapidamente, o que não é benéfico para a saúde. O aquecimento tem a função de fazer que o corpo reúna gradativamente os "ingredientes necessários" para uma atividade mais pesada.

Abaixo você encontra alguns benefícios que o aquecimento pode proporcionar:

- Suas articulações trabalham de maneira mais eficiente.
- A flexibilidade dos seus músculos melhora, reduzindo as chances de lesões.
- As contrações musculares serão mais rápidas e poderosas.
- Você vai conseguir treinar por mais tempo.

- Seu treino poderá ser mais pesado, pois sua aptidão física foi estimulada.
- Você terá mais controle sobre seus músculos.

O ideal é que você se aqueça de acordo com sua atividade física. Por exemplo, se for correr, comece com uma caminhada. Nos exercícios de musculação, comece sempre com o mínimo de peso e vá aumentando aos poucos. Antes do treino de perna, vale a pena fazer pelo menos dez minutos de bicicleta ou esteira.

4 Faça exercícios aeróbios

Os exercícios aeróbios são atividades físicas que fazem você respirar mais forte, utilizando os grandes grupos musculares em um ritmo regular. Estas atividades aumentam sua força e aumentam a eficiência da utilização de energia em todo o organismo. Os exercícios aeróbios mais comuns incluem caminhadas e corridas na rua ou na esteira e ciclismo.

Suas vantagens para o coração são bem conhecidas. Eles trabalham o coração, que é um músculo, fortalecendo-o. O corpo todo, entretanto, é beneficiado. Os benefícios incluem aumento da eficiência cardíaca, saúde mental, melhora do sistema imunológico, prevenção de doenças, maior disposição, maior expectativa de vida; também evitam o estresse, além de deixar seu corpo em forma, pois ajudam a diminuir o peso.

Muitas pessoas deixam de fazer os exercícios aeróbios por preguiça ou por medo de atrapalhar a hipertrofia muscular. Eu costumo fazer exercícios aeróbios pelo menos três vezes por semana, cerca de 30 minutos por dia, independentemente de querer ganhar mais massa muscular; assim, além de garantir minha saúde e resistência, também mantenho meu percentual de gordura baixo. Quando quero perder peso, baixar o percentual de gordura e aumentar a definição muscular, eu aumento o tempo dos aeróbios. Passo a fazer, diariamente, de 30 a 50 minutos. Em época de competição, quando eu tinha que perder bastante gordura, eu chegava a fazer todos os dias, duas vezes ao dia.

Isso é muito relativo, varia de organismo para organismo. Pessoas com o metabolismo muito acelerado, que emagrecem muito facilmente e querem aumentar a massa muscular devem evitar fazer muito exercício aeróbio, para não perder ainda mais calorias. Caso contrário, eu sou super a favor de incluir os exercícios aeróbios na rotina de treinos.

TOTAL HEALTH
TRX190

etorres | Shutterstock

5 Evite os excessos

Como todos nós sabemos, tudo que é feito em excesso é prejudicial à saúde. Com a atividade física não é diferente.

A mudança dos padrões estéticos das últimas décadas tem conduzido as pessoas à busca de um corpo atlético e de medidas perfeitas. Com isso, passam por cima de tudo, sem respeitar os limites do corpo, por meio do excesso de exercícios físicos e dietas insanas. Mas, em algum momento, o corpo pedirá "socorro", e se não houver estado de alerta, poderá ter maiores complicações.

Descansar o corpo faz parte da rotina de treinamento. Ele precisa de um tempo para se recuperar. Quem não deixa o organismo parado por um período, após fazer um treino intenso, corre riscos, como lesões no sistema muscular, estresse, insônia, taquicardia e tonturas, e o sistema imunológico fica fraco, ou seja, nosso organismo fica suscetível a doenças.

Devemos tomar cuidado, caso contrário, ao invés de melhorarmos a *performance*, podemos prejudicar nossa saúde. Por isso, procure a ajuda de um profissional; ele saberá indicar o tempo de atividade física de que seu corpo necessita.

6

Procure um profissional da área da saúde antes de iniciar qualquer atividade física

Chega um momento na vida em que decidimos cuidar mais da saúde e do nosso corpo. Mas não basta fazer a matrícula na academia e começar a "malhar". Temos que tomar alguns cuidados.

Procurar um médico para fazer os exames necessários e saber se está apto é o primeiro passo. É a partir dessa avaliação que a pessoa fica liberada ou não para as práticas esportivas.

O ideal é fazer diversos exames para uma avaliação completa. Exemplos:

- Avaliação da postura, identificando possíveis desvios e alterações.
- Avaliação da força muscular e flexibilidade, para identificar limitações de movimentos que possam comprometer o programa de exercícios.

- Medição do índice de massa corporal.
- Teste cardiopulmonar, que avalia a capacidade cardiopulmonar e auxilia o médico a determinar a faixa de batimentos cardíacos em que o exercício será mais saudável.
- Densitometria de corpo total, uma análise precisa e detalhada da composição corporal do paciente.
- Exames laboratoriais, como hemograma completo, glicemia, ácido úrico e outros.

Segundo o ortopedista João Marcelo Amorim, as avaliações devem ser feitas pelo menos uma vez ao ano. Atletas que competem devem fazer avaliações a cada seis meses. O importante é que a pessoa não deixe de consultar um médico, pois é a sua qualidade de vida que está em jogo.

Depois de ser liberado pelo médico, procure um profissional de Educação Física, que pode ser um *personal trainer*, o que seria a melhor opção, pois ele terá a atenção toda voltada a você, podendo orientá-lo melhor nos exercícios, prestando atenção se está fazendo os movimentos corretos e evitando lesões. O instrutor da academia também dará orientações.

A presença desses profissionais é extremamente importante, pois eles saberão desenvolver um programa de treinamento específico para suas necessidades. O treino de um iniciante não é o mesmo de um atleta, o de uma pessoa com sobrepeso não é o mesmo de uma pessoa magra e assim por diante.

Caso opte por um *personal trainer*, procure saber sobre os alunos que ele já treinou, se eles obtiveram resultados. Pois a teoria é fundamental, mas de nada adianta se não for colocada em prática.

Mas lembre-se: você tem que fazer a sua parte, dedicar-se de verdade. Se não, você pode ter o melhor profissional ao seu lado e não obterá resultado nenhum.

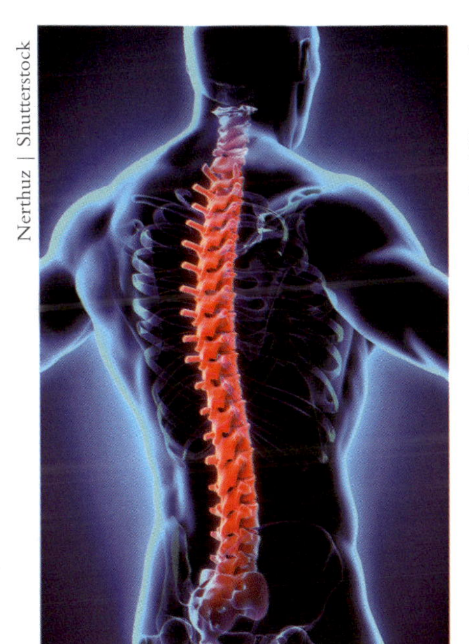

Nerthuz | Shutterstock

nito | Shutterstock

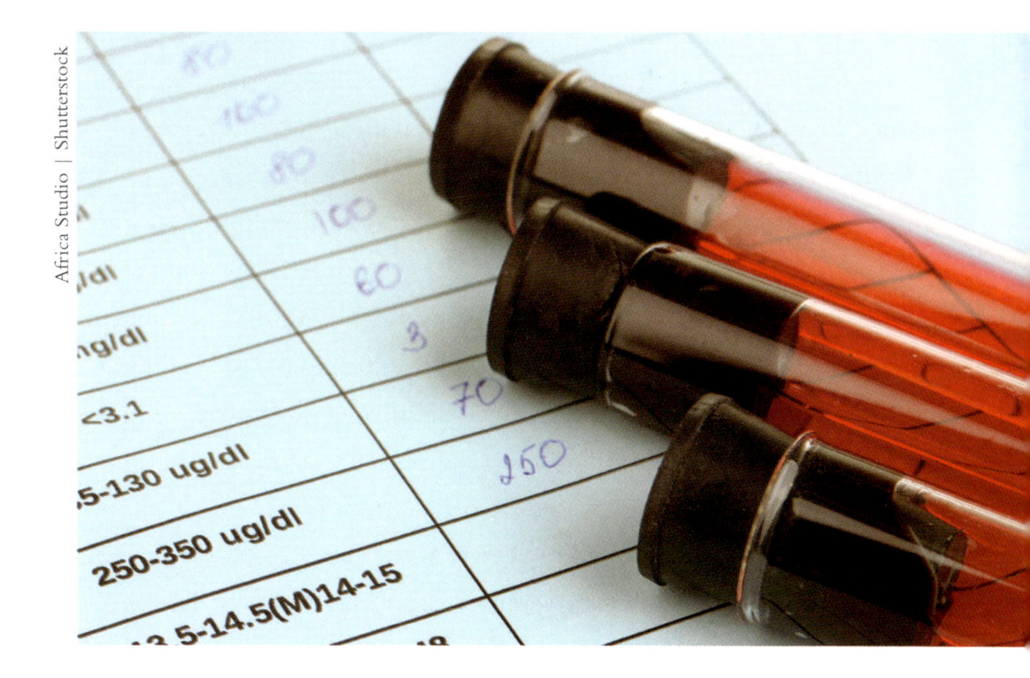

Africa Studio | Shutterstock

7 Deixe sua autoestima em dia

Ter autoestima é um grande passo para se conquistar muitas coisas na vida. Ela nos traz segurança para correr atrás de um emprego, para manter um relacionamento, para fazer amizades e assim por diante. Se não confiarmos em nós mesmos, se não apostarmos no nosso potencial, nada vai para frente.

Sempre fui muito tímida, e isso sempre dificultou minhas conquistas. Eu me achava incapaz de realizar qualquer trabalho direcionado ao público. Para piorar, as pessoas sempre citavam esse meu "defeito", comentavam que dificilmente eu conseguiria alcançar meus objetivos. Dessa forma, minha autoestima ia lá embaixo. Eu não acreditava em mim, achava que todas as meninas eram melhores do que eu.

Mas graças a Deus eu acordei a tempo. Meu marido sempre me fazia enxergar que eu era muito "maior" do que eu imaginava. Comecei a acreditar mais em mim, a confiar no meu talento, no meu potencial. A partir daí, eu comecei a conquistar meu espaço, a realizar os meus sonhos.

Passei também a conquistar o respeito das pessoas; se você se sente diminuído, é assim que as pessoas irão lhe enxergar. Claro que não precisamos achar que somos melhores do que os outros, mas ter confiança em si mesmo ajuda muito.

Se você não está se sentindo bem com seu corpo, corra atrás de um físico melhor. Busque mudanças na sua vida. Vá à academia, comece a praticar atividade física, busque uma alimentação saudável. Se você tem vergonha de ir para a academia, pois seu corpo não está em dia, lembre-se de que tudo tem um começo, e quanto mais você demorar para tomar uma atitude, mais complicado será para conquistar a boa forma. Compre roupas bacanas, arrume seu cabelo, dê um *up* no rosto e vá treinar! Não

Logra | Shutterstock

é porque você vai suar a camisa que tem que ir com o visual descuidado. Você tem que se sentir confiante para tudo.

Temos que prestar atenção em como tratamos as pessoas, as críticas que fazemos. Isso tudo interfere na autoestima do indivíduo. Quando temos a autoestima elevada, tratamos melhor as pessoas. O sentimento de inveja não existe, você passa a se preocupar e querer fazer bem ao próximo.

Não deixe ninguém pisar em você, nem diminuí-lo. Todos nós temos nosso valor, ninguém é melhor do que ninguém. Acredite em você! Você pode ser tudo aquilo que quiser, mas, primeiro, precisa acreditar em si mesmo.

Kreangkrai Indarodom | Shutterstock

8 Lance um desafio para si mesmo

Ninguém vive sem objetivos, sem sonhos, sem metas. Sentir-se desanimado, triste e incapaz em algum momento da vida é normal, acontece com todo mundo. O que não é normal é não fazer nada para mudar isso.

Precisamos nos sentir estimulados todos os dias para correr atrás, lutar, dar sentido à nossa vida. Lance um desafio para si mesmo, estabeleça metas e datas para que sejam realizadas. Isso vale para tudo! Mas como o nosso tema é *fitness*, cuidar do corpo, da mente e da saúde… você pode lançar esse desafio para mudar seus hábitos alimentares, parar com o sedentarismo e dar um novo visual ao seu corpo.

Quando você é atleta, fica mais fácil manter a disciplina com os treinos e a alimentação, pois você tem um objetivo. Leva tempo para ficar com o corpo "perfeito" para uma competição. Mas se você não é atleta, encontre algo que lhe dê aquela motivação! Pode ser uma preparação para o próximo verão, uma festa, um ensaio fotográfico… o importante é você se sentir desafiado e chegar à conquista.

Uma ideia legal é você se pesar, tirar suas medidas e também tirar uma foto antes de iniciar seu projeto. Conforme as semanas vão passando, você vai fazendo as comparações para ver sua evolução. Outra dica é você ter um modelo para se inspirar: pode ser um atleta, modelo *fitness*, um artista, não importa! Deve ser alguém que você admire e tenha um corpo que você sonha ter. Sempre que tiver uma recaída, olhe para a foto dessa pessoa, erga a cabeça e siga em frente.

Todos nós somos capazes, basta acreditarmos em nós mesmos e termos força de vontade. Não devemos nos contentar com a mesmice, ficar na "zona de conforto". Se você pode mudar, pode melhorar... então faça! E faça sempre bem feito, não faça pela metade, se não os resultados também virão incompletos. Não seja mais um, seja diferente! Seja persistente, seja um vencedor!

berna namoglu | Shutterstock

docent | Shutterstock

9 Tenha horas adequadas de sono

Muito se fala sobre a importância de termos horas adequadas de sono. Dormir bem, além de contribuir para o descanso físico e mental, interfere no bom funcionamento do nosso organismo.

Poucas horas de sono podem desencadear uma série de problemas, como dores de cabeça, irritabilidade, diminuição da concentração, fraqueza, diminuição da tonicidade muscular, diminuição da imunidade, propensão a infecções e à obesidade; ou seja, pode afetar o equilíbrio de todo o organismo em curto, médio e mesmo em longo prazo.

Durante o sono, nosso organismo produz alguns hormônios importantes, como GH (hormônio do crescimento), cortisol e leptina.

- O GH tem como principais funções a regeneração e o crescimento musculares, evitar o acúmulo de gordura, melhorar o desempenho físico e combater a osteoporose.
- Com a redução das horas de sono, a probabilidade de desenvolver diabetes também aumenta. A falta de sono inibe a produção de

insulina (hormônio que retira o açúcar do sangue) pelo pâncreas, além de elevar a quantidade de cortisol, o hormônio do estresse, que tem efeitos contrários aos da insulina, fazendo que se eleve a taxa de glicose (açúcar) no sangue, o que pode levar a um estado pré-diabético ou mesmo ao diabetes propriamente dito.

- Leptina é o hormônio capaz de controlar a sensação de saciedade. Pessoas que não têm horas de sono adequadas produzem menores quantidades de leptina. Com isso, o corpo sente necessidade de ingerir maiores porções de carboidratos.

Como puderam ver, o sono é um assunto sério. As horas adequadas variam de pessoa para pessoa. O recomendado é de sete a oito horas. Mas há pessoas que se sentem bem dormindo apenas seis horas. O importante é que seu sono seja de qualidade, aquele no qual você consegue relaxar de verdade.

É importante lembrar que dormir demais também é prejudicial.

Chamille White | Shutterstock

Jacques PALUT | Shutterstock

10 Elimine as celulites

Este assunto é o terror entre as mulheres. Qual mulher nunca reclamou das celulites? Quem nunca comprou vários tipos de cremes para passar no corpo, para ver se elas desaparecem da sua vida? É realmente desesperador. A celulite dá um aspecto feio à nossa pele, ficamos com receio de colocar uma roupa clara, colocar um *shorts*, biquíni, então... passa longe! Mas será que existe algum milagre para eliminá-las?

Quando eu era adolescente, era magrinha, barriga lisinha, tinha o corpo bonito... mas mesmo novinha e magrinha, eu tinha celulites, o que para muitos é estranho, pois a maioria das pessoas acha que celulite é coisa de "gordinha". O que acontecia comigo é que eu tinha uma alimentação totalmente errada: comia biscoitos, salgadinhos, doces, quase todos os dias. Também não fazia exercícios físicos rotineiramente e bebia pouquíssima água.

Só consegui diminuir aquele aspecto que me incomodava muito quando comecei a praticar atividade física, musculação e exercícios aeróbios, e mudei totalmente minha alimentação. Eliminei do meu cardápio doces e frituras, diminuí o sódio e passei a ingerir mais líquidos.

Atualmente tenho uma alimentação saudável, pois aprendi muito nesses anos como atleta. Claro que, de vez em quando, eu como alguma guloseima, mas sem excesso. E confesso que tenho facilidade em ter celulites; se eu fico uns dias fora da dieta, eu já sinto que elas começam a aterrorizar minha vida.

O aparecimento das celulites depende de vários fatores:

- predisposição genética;
- fatores hormonais;
- alimentação;
- vida sedentária;
- má circulação sanguínea;
- retenção hídrica.

Para amenizar esse problema é preciso fazer as seguintes modificações na alimentação e no estilo de vida:

- Tomar muita água, no mínimo dois litros por dia.
- Consumir alimentos ricos em fibras.
- Diminuir a quantidade de sal nas preparações e evitar comer em demasia alimentos pré-preparados, como sopas prontas, caldos concentrados e salgadinhos industrializados (por causa do excesso de sódio).
- Retirar a gordura aparente das carnes antes de consumi-las.
- Diminuir o uso de óleos e gorduras (margarina, manteiga, creme de leite etc.) nas preparações.

- Fazer atividade física diária, como caminhadas e musculação, por pelo menos 45 minutos.

Procurando seguir essas dicas, você consegue melhorar muito o aspecto das celulites ou até mesmo eliminá-las.

www.BillionPhotos.com | Shutterstock

Loke Yek Mang | Shutterstock

NUTRITION

11 Como definir seu abdome?

Quem não sonha em ter uma barriga lisinha, sem acúmulo de gordura, ou aquele abdome sarado, estilo "tanquinho"? Com certeza é o sonho da maioria das pessoas. Ainda mais nos dias de hoje, nos quais o corpo sarado está em "alta" e a estética fala mais alto.

Mas são muitas as dúvidas sobre como alcançar esse objetivo. Recebo diariamente inúmeros *e-mails* e mensagens de pessoas querendo saber qual o segredo para obter o abdome dos sonhos. As pessoas ainda têm aquela ideia de que quanto mais exercícios e repetições fizerem, melhor!

Eu, como atleta, posso dizer que os exercícios abdominais são essenciais para a hipertrofia do músculo, pois são eles que irão formar o "tanquinho". Mas se o seu percentual de gordura estiver alto, essa musculatura não ficará visível. Por isso não adiantará nada fazer mil abdominais todos os dias se estiver com acúmulo de gordura nessa região.

Dessa forma, para conquistar o tão sonhado abdome, além de fazer os exercícios localizados, você terá de incluir os exercícios aeróbios em seus treinos e fazer uma reeducação alimentar. Assim, seu percentual de gordura diminuirá e a musculatura abdominal ficará aparente. Por isso, sempre digo que o principal para se obter a boa forma é a dieta, ou seja, uma alimentação saudável.

Na dieta você deverá diminuir e posteriormente eliminar os doces, frituras, massas etc.,e aumentar a ingestão de proteínas magras. Mas isso deve ser feito sempre com a orientação de um nutricionista, pois ele saberá qual a melhor dieta para seu organismo.

Deixarei um exemplo de treino de abdome, geralmente o que eu costumo fazer e que dá muito resultado. Esse treino pode ser feito três vezes por semana, com intervalo de no mínimo 24 horas de um treino para o outro, por exemplo, segunda, quarta e sexta-feira.

- Abdominal na prancha inclinada: quatro séries de 20 repetições.
- Abdominal no chão: quatro séries de 20 repetições.
- Oblíquo no colchonete: três séries de 15 repetições.
- Infra na paralela: quatro séries de 20 repetições.

O intervalo entre uma série e outra deve ser curto, de no máximo 30 segundos.

Você pode variar os exercícios em cada treino, esse é apenas um exemplo. Eu não indico às mulheres que façam muitos exercícios para a região oblíqua do abdome. Geralmente, quando se faz esses exercícios por muito tempo, a cintura acaba engrossando, ou seja, perde-se a curva da cintura, perde-se a feminilidade.

Desde quando iniciei na musculação nunca utilizei carga no treino de abdome. Nunca vi necessidade; para mim apenas o peso do meu próprio corpo é o suficiente. Muitas pessoas discordam, dizem que sou uma exceção, que tenho uma genética boa, por isso não preciso da utilização de carga. Pode até ser, mas acompanhei e tive o prazer de ajudar alguns atletas em sua preparação; eles também obtiveram um excelente resultado com esse mesmo treino.

Mas a história se repete, cada organismo responde de uma forma. Você tem que identificar qual o estímulo ao qual seu corpo responde melhor.

12 Tenha um bumbum durinho

O bumbum é a preferência nacional. Por isso, a maioria das mulheres vive atrás de exercícios novos para enrijecer essa região. Os glúteos são músculos que você deve trabalhar com bastante intensidade; não é fácil deixar o bumbum redondinho e durinho. Vai depender também da sua genética, mas, se você se dedicar, com certeza terá o bumbum dos sonhos.

Ao contrário dos quadríceps e dos femorais, eu sempre tive muita dificuldade em desenvolver a musculatura dos glúteos. E eu também não podia desenvolvê-los muito por causa do padrão da categoria na qual eu competia. Hoje tenho um corpo mais "comercial", o corpo que sempre quis ter. Com o passar dos anos fui descobrindo qual era o melhor treino para mim. Treino e dieta são duas coisas muito individuais. Por isso, você deve variar seu treino, para saber com qual seu corpo se adapta e tem melhor resultado.

A maioria dos exercícios para pernas trabalha os glúteos, por exemplo: agachamento, *leg press*, *hack* etc. Mesmo assim, eu prefiro separar um dia para treinar glúteos e posteriores de coxa. Estes são alguns exercícios que costumo fazer:

- afundo com *step* no *smith*;
- agachamento livre;
- agachamento sumô (livre com alteres ou no agachamento guiado);
- *leg press* com os pés acima da plataforma;
- *stiff* com alteres, barra ou agachamento guiado;
- flexor deitada ou em pé;
- abdutora;
- elevação de pelve.

Geralmente faço quatro séries de cada exercício, sem contar o número de repetições; faço até a exaustão.

Gosto de deixar a elevação da pelve por último. Faço esse exercício bem concentrado, gosto de trabalhar com isometria. Faço a elevação e seguro por uns cinco segundos, desço e elevo o quadril novamente, seguro por cinco segundos... faço isso até a falha.

No dia de quadríceps incluo dois exercícios desses para estimular os glúteos. Você deve ir aumentando a carga aos poucos, sempre se preocupando em executar o movimento corretamente.

Ah! Você deve estar se perguntando: "E as caneleiras? Como aumentar os glúteos sem elas?". Pois é, elas não entram no meu treino. Não vou dizer que nunca usei, claro que sim! Como a maioria, achava que elas seriam a solução para que eu tivesse o bumbum durinho. Mas abandonei-as rapidinho quando percebi que elas só serviam para eu me cansar. Há quem defenda com unhas e dentes o uso das caneleiras. Estou relatando minha opinião, que é resultado da minha experiência de anos: comigo nunca funcionou.

13 Mulher, treine membros superiores!

A maioria das mulheres, quando entra na academia, já alerta os instrutores de que não quer ficar musculosa, com braços fortes, costas largas etc., pois acha que isso é possível de acontecer de uma hora para outra, o que não é verdade. Se para o homem o ganho de massa muscular já é difícil, pois depende da genética, alimentação etc., imagine para a mulher, que não produz naturalmente testosterona o suficiente para que isso aconteça.

O fato é que as mulheres podem treinar membros superiores sem preocupação. Você irá planejar, juntamente com um profissional, um treino conforme seu objetivo. O treino poderá ser para hipertrofia, definição muscular, fortalecimento etc.

O treino com pesos para membros superiores traz muitos benefícios, entre eles a melhora da postura; dores nas costas muitas vezes são sinal de fraqueza muscular. Dessa forma, o trabalho com peso é indicado nestes casos, pois os músculos, que sustentam os ossos, tornam-se mais resistentes, e com os músculos e ossos mais fortes, você evita lesões.

Também devemos cuidar da estética do corpo de forma geral. Um corpo perfeito tem que ser simétrico. Fica muito estranho uma mulher com as pernas torneadas, superdefinidas, e os braços flácidos, com percentual de gordura alto.

Em minha época de atleta eu treinava membros superiores com maior intensidade, para chegar ao padrão exigido e poder subir bem aos palcos. Atualmente faço trabalhos como modelo, então tive que mudar um pouco meu físico. Perdi bastante massa muscular, principalmente nos membros superiores, pois nas fotos e vídeos eu estava ficando muito volumosa; então fiquei um tempo sem treinar braço, ombros e costas, e aumentei os exercícios aeróbios. Agora treino uma vez por semana, dois exercícios para cada músculo do membro superior, para manter o fortalecimento, a definição e a tonicidade.

Concluindo, todas as mulheres devem treinar, sim, braços, costas e ombros, cada uma com o seu objetivo.

14 Concentre-se no seu músculo

A hora do treino é uma hora sagrada. Temos que reservar esse momento para nossos músculos, somente ele será o foco. Quando você está treinando, o bate-papo com os amigos não deve prevalecer. Muitas vezes fica difícil, principalmente quando somos conhecidos na academia; as pessoas querem conversar, tirar dúvidas ou somente ser simpáticas. Claro que você não precisa ser antissocial, mas faça isso antes de começar o treino ou ao terminá-lo.

Ao executar o exercício, você deve se concentrar no seu músculo, no movimento, nas repetições. Deve buscar forças, precisa sentir sua musculatura "trabalhando". O tempo de descanso entre uma série e outra é curto, e se você ficar conversando, o tempo passará, sua musculatura já estará esfriando e o seu treino não será 100% eficiente. Também é necessário cuidar da respiração e da postura, e isso só é possível se você estiver concentrado naquilo que está fazendo.

Algumas pessoas gostam de ouvir música com fone de ouvido na hora do treino. Essa é uma boa opção, pois você não ouve conversas alheias e nem outras coisas que podem tirar sua atenção, além de estar ouvindo músicas de sua preferência, que lhe motivarão para que seu treino seja mais intenso.

Pense nos seus objetivos, não deixe que nada lhe tire do seu foco.

Atlhetica
NUTRITION

15 Evite bebidas alcoólicas

Não é novidade para ninguém o quanto o álcool traz malefícios à saúde. O uso prolongado de bebidas alcoólicas pode trazer sérias doenças. Cada vez mais pesquisas revelam doenças causadas pelo álcool.

A cirrose é uma doença hepática causada pelo longo período de consumo do álcool. Porém, este não é prejudicial apenas ao fígado. O coração é o órgão mais afetado por uma série de problemas, como aumento da pressão sanguínea, insuficiência cardíaca e infarto. O risco de câncer também aumenta. Além disso, são atingidos fatores como imunidade e fertilidade; o álcool diminui nossa resistência contra doenças virais e, quanto à capacidade reprodutora, dificulta o período fértil nas mulheres e diminui a quantidade de esperma produzida pelos homens.

As bebidas alcoólicas também têm influência na atividade física. As consequências são: perda de resistência, enfraquecimento muscular, aumento da pressão arterial, acúmulo de gordura (por alterar o metabolismo) e comprometimento da habilidade motora. O álcool inibe a absorção de vários tipos de vitaminas, inclusive do complexo B, e com isso atrapalha o crescimento muscular e beneficia o catabolismo (perda de massa muscular). E geralmente as bebidas alcoólicas são muito calóricas.

Além de todas essas doenças e desconfortos, é muito incômodo ficar ao lado de uma pessoa que está alcoolizada. Essa pessoa perde a noção do que está fazendo, sua pele exala álcool e geralmente ela arruma confusão. Além disso, há inúmeros acidentes que são causados por pessoas dirigindo alcoolizadas.

O pior disso tudo é que essa "droga" é aceita pela sociedade. As pessoas acham muito normal essa atitude no ser humano. Tudo é motivo para beber: se estão felizes e querem comemorar, saem com os amigos para beber; se estão tristes, bebem para "afogar" as mágoas. Elas não enxergam o quanto isso pode fazer mal para a saúde.

Uma exceção é o vinho, que tem sido indicado pelos médicos; por ser antioxidante, é aliado contra doenças do coração e até câncer. Mas deve ser consumido com moderação.

iravgustin | Shutterstock

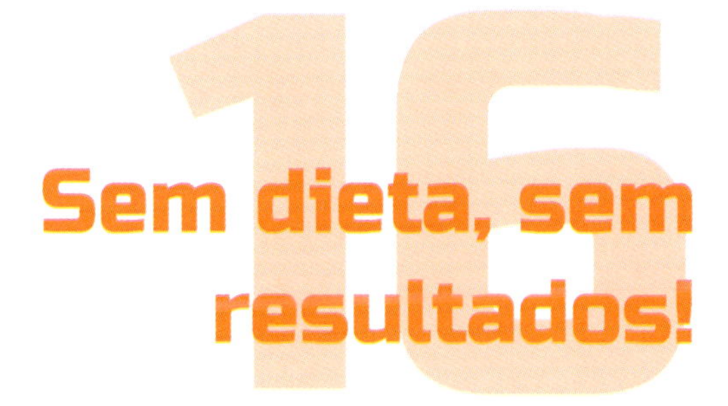

16 Sem dieta, sem resultados!

Para conquistar a boa forma são necessárias muita disciplina e determinação. Temos que mudar nossos hábitos, coisas que estamos acostumados a fazer no dia a dia e que nem sempre é fácil abandonar.

A alimentação é algo muito difícil de mudar nas pessoas. Geralmente elas estão acostumadas a comer determinados alimentos desde crianças, e para retirar isso delas é quase um martírio. Também há a questão social, familiar, pois quem não gosta de ir comer pizza com os amigos no fim de semana? Ou, então, ir àquele churrasco na casa dos familiares? Realmente é complicado!

Lembro da minha época de competição, quando fazia dietas restritas, o que era necessário para que eu atingisse meus objetivos. Eu me tornava uma pessoa antissocial; deixava de ir a festas, por exemplo, pois lá eu estaria frente a frente com diversos doces, salgadinhos, bolos, e isso seria uma verdadeira tortura para mim. O fisiculturismo realmente não é um esporte para qualquer um. Temos que abrir mão de muitas coisas. Mas, aos poucos, fui me acostumando com essa mudança na minha vida. Seguir a dieta e treinar todos os dias já não era nenhum sacrifício, mas sim um prazer.

E é isso que você deve fazer se quer uma vida mais saudável e atingir a boa forma: fazer da atividade física e da alimentação saudável hábitos de vida, algo prazeroso e não um sacrifício. A dieta de um atleta e a dieta de uma pessoa que quer apenas melhorar esteticamente e manter sua saúde são diferentes, mas ambas exigirão esforço e dedicação.

Já cansei de ouvir pessoas que comentam que treinam há muitos anos e não conseguem ver mudança nenhuma em seu físico. Alguma coisa há de errado, e na maioria das vezes é a alimentação. Mesmo nos dias de hoje, com a mídia comentando sobre a importância de mudarmos nossos hábitos alimentares, é incrível como há um número assustador de pessoas que comem totalmente errado. Sem uma dieta específica, não se obtém resultados. A boa forma é a soma da atividade física e da dieta, uma depende da outra. Se você come *x-burger*, lasanha, pudim, você conquistará uma bela camada adiposa, aumento de colesterol, e não aumentará sua massa muscular. Agora, se você retirar frituras, doces, massas da sua alimentação e passar a ingerir mais proteínas magras, fibras, verduras, frutas, gorduras "boas", além de uma vida muito mais saudável, com certeza você conquistará um corpo tonificado e com medidas perfeitas.

Assim que você decidir se matricular em uma academia, deve, em seguida, procurar um nutricionista, para que ele elabore uma dieta específica para seu objetivo. Dessa forma você não perderá tempo, nem dinheiro, e conseguirá alcançar suas metas.

Pense nisso!

Anna Hoychuk | Shutterstock

Africa Studio | Shutterstock

baibaz | Shutterstock

Joerg Beuge | Shutterstock

17
Aumente a ingestão de proteínas na sua dieta

As proteínas são formadas pelo encadeamento de aminoácidos. Suas principais funções são regular o funcionamento dos órgãos, produzir anticorpos, ajudar na coagulação sanguínea, na construção de novos tecidos e da massa muscular, entre outros.

Todas as pessoas devem incluir as proteínas em sua dieta alimentar. As quantidades variam de pessoa para pessoa, conforme seu objetivo. As proteínas são essenciais em dietas de perda de peso e de ganho de massa muscular.

Já ouvimos falar que atletas de fisiculturismo comem uma grande quantidade de peito de frango e peixes. Isso porque as proteínas servem como "combustível" para os músculos. Elas, entre outros fatores, farão que você aumente sua massa magra, ganhe mais força e resistência, e farão também que a recuperação do músculo seja mais rápida, evitando a fadiga, além de acelerar seu metabolismo.

Na minha dieta faço pelo menos seis refeições diárias, e em todas elas incluo as proteínas, que podem ser peito de frango, peixes, clara de ovo, peito de peru, carne magra ou *whey protein*.

18

Aveia: um poderoso cereal

Quem acompanha meu trabalho sabe que sempre cito a importância da aveia na alimentação.

A aveia é um cereal altamente nutritivo: é rica em fibras, além de ser fonte de carboidrato, proteína, vitaminas e minerais. A fibra presente na aveia, chamada betaglucana, é solúvel, e é responsável pelo bom funcionamento do organismo, diminuição do colesterol ruim (LDL), controle da pressão arterial e da glicemia. O consumo regular de aveia pode diminuir a formação de placas de gordura, prevenindo doenças cardiovasculares. É muito importante também para manter o intestino em equilíbrio.

Além disso, a aveia diminui a absorção da glicose na corrente sanguínea. Também faz você sentir menos fome, dá maior saciedade; dessa maneira, seu nível de energia permanecerá alto. É, ainda, uma ótima opção para praticantes de musculação, por ser uma boa fonte de glicogênio para o músculo; por isso, é bom consumir antes e depois do treino, para dar e repor energia.

As fibras devem ser consumidas diariamente, mas sem exageros, pois podem trazer desconfortos, como cólicas e flatulências. O consumo de água também deve ser maior.

A aveia é um cereal que combina com tudo. Você pode misturar no iogurte, no leite desnatado e nas frutas. Você também pode usar a aveia como farinha, misturando no frango ou no atum; fica muito bom. Outra maneira é misturar com o *whey protein* em forma de "papinha".

Faça da aveia sua aliada na dieta!

Evan Lorne | Shutterstock

Gayvoronskaya_Yana | Shutterstock

tlhetica
NUTRITION

19 Não se esqueça de beber água

Já estamos cansados de ouvir o quanto é necessário beber água para a nossa saúde. Mas quais são realmente os benefícios que a água traz ao nosso organismo?

A água auxilia na eliminação das toxinas do organismo, evita a desidratação, regula o funcionamento do organismo, transporta nutrientes, mantém a pele com aspecto saudável, evita a retenção de líquidos, regula o metabolismo das gorduras, ajuda a dar saciedade etc.

A falta de água pode trazer consequências sérias ao nosso organismo, como: distúrbio de concentração, dores de cabeça, problemas renais, rachaduras na pele, baixa produção de saliva e tontura.

Se houver prática de atividade física, a necessidade de ingestão de água é ainda maior, para que se possam repor as perdas com a transpiração e a respiração. Muito da água perdida vem do sangue, o que leva a uma diminuição do fluxo sanguíneo, podendo prejudicar a função cardiovascular. Se o exercício for intenso, a reposição de líquidos deve ser frequente.

A água pura é a melhor forma de ingestão de líquidos. Porém, nem todo mundo consegue ingerir de dois a três litros de água por dia, que é o recomendado. Eu mesma não consigo. Mas há algumas formas de se beneficiar da água. Você pode tomar em forma de chá, sucos ou água de coco; frutas também geralmente têm bastante líquido e são muito saborosas. Eu gosto de fazer gelatina *light*, pois, além de ser gostosa, quase não tem calorias, e é possível, com uma caixinha desse produto, ingerir 500 ml de água sem sacrifício!

Outra dica é sempre carregar uma garrafinha de água na bolsa e não esperar a sede chegar para beber.

Leszek Glasner | Shutterstock

Brent Hofacker | Shutterstock

20

O que fazer quando surgir aquela vontade de comer doce?

Para muitas pessoas, o grande vilão que sabota a dieta é o doce. Aquele chocolatinho depois do almoço, aquele pedaço de bolo no café da tarde, hum... quem resiste? Realmente é irresistível... ou quase irresistível!

O desejo de comer doces é normal, mas em algumas pessoas esse desejo é quase incontrolável. Isso se deve, na maioria das vezes, à produção de serotonina, um hormônio neurotransmissor responsável pela sensação de prazer. Quando estamos tristes, o nível desse hormônio está em baixa em nosso organismo, e sentimos mais vontade de comer doces. Pessoas que têm maior dificuldade em lidar com as emoções sofrem mais com as alterações da serotonina. O mesmo acontece no período menstrual, no qual os níveis do hormônio são reduzidos.

Mas temos algumas soluções para amenizar essas vontades. Vejam algumas opções:

- Barrinha de cereal: rica em fibras, dá sensação de saciedade, e existe aquela com cobertura de chocolate, que ameniza ainda mais a vontade dos doces gordurosos.
- Barra de proteína: essa é uma ótima opção para praticantes de atividade física. Há várias opções; algumas são tão saborosas que dão a sensação de se estar devorando uma barra de chocolate. A alta quantidade de proteína evita o catabolismo (degradação do músculo).
- Iogurte: escolha as versões *light* e desnatado por serem pouco calóricas, além de beneficiarem a perda de peso, a produção de anticorpos e serem uma delícia.
- Frutas: por conterem frutose, elas amenizam muito a vontade de comer doces. Escolha sua preferida, mas lembre-se de que frutas em excesso também engordam.
- Chocolate 70% cacau: os chocolates que trazem benefícios à saúde são aqueles que contêm pelo menos 70% de cacau, com baixo teor de açúcar. Além de não prejudicarem a boa forma, eles contêm alto teor de flavonoides, que ajudam na proteção contra doenças cardiovasculares, hipertensão, diabetes e diminuição do colesterol ruim. Não exagere: 30g de chocolate é o suficiente para matar a vontade de doce e não engordar.

Também podemos elaborar receitas com *whey protein*. Hoje em dia já se encontram à venda bolos, panquecas, brigadeiros, mousses etc. com ingredientes que estão dentro de nossa dieta. São chamados de doces FIT, os quais, se comermos sem exagero, podemos comer sem culpa.

Essas opções me ajudam muito, pois ninguém consegue fazer uma dieta tão rigorosa por muito tempo. Agora chega de desculpas, vamos manter a dieta em dia!

Elena Veselova | Shutterstock

draganica | Shutterstock

21

Carregue sempre na bolsa um lanche rápido e saudável

Uma das maiores reclamações das pessoas que não conseguem seguir uma alimentação saudável é a correria do dia a dia. Porém, hoje em dia existem vários restaurantes que oferecem um cardápio mais saudável. Na hora do almoço, você facilmente encontra um lugar que sirva frango e peixes grelhados, arroz, verduras, legumes etc. Para as próximas refeições, talvez você não tenha tempo para sair atrás de comida, ou não encontre algo que faça parte da sua dieta.

Para que você não tenha que comer algum *fast food* e depois ficar com peso na consciência e na balança, o melhor a ser feito é carregar na bolsa suas refeições. Prepare lanches práticos e nutritivos, por exemplo, um sanduíche de pão integral com atum, ou frango, ou peito de peru. Poderá levar também algumas frutas, barrinhas de proteína e *whey protein*. Não saio de casa sem levar uma coqueteleira com *whey protein* na bolsa; é muito prático, só misturar com água. Dessa forma, não corro o risco de ficar mais de três horas sem me alimentar e estarei ingerindo algo saudável e que favorecerá minha manutenção muscular.

Caso você esteja em uma dieta rígida e restrita, como de pré-competição, por exemplo, prepare suas marmitinhas com frango, arroz, batata etc. Muitas vezes é chato abrir o pote de comida em lugares públicos, mas o importante é não pular as refeições e comer corretamente para que seu objetivo seja alcançado.

Para tudo há uma solução, somos nós que colocamos inúmeras barreiras para não mudarmos nossos hábitos de vida.

HARD CORE
tlhetica®
NUTRITION
Atlhetica
4:1:1

jreika | Shutterstock

22 Café da manhã: refeição indispensável

O café da manhã é uma refeição indispensável, pois entre a última refeição à noite e a primeira pela manhã ficamos um longo período sem nos alimentar. Durante a noite nosso organismo continua trabalhando, afinal, não deixamos de respirar; o coração continua batendo e o sangue, circulando. Ele precisa de energia para todas essas funções básicas. Ao acordar, precisamos "reabastecer" o organismo, pois, se não há energia, nosso corpo começa a utilizar o que é estocado para outros fins. Dessa forma, começa a queimar massa muscular ou o glicogênio estocado no fígado, o que pode causar sérios danos à saúde. Quem pula o café da manhã tem o rendimento nas atividades diminuído, sensação de cansaço e dificuldade de concentração por todo o dia. Por isso é tão importante não pular nenhuma refeição. Além de dar energia para iniciar as atividades do dia, o café da manhã evita o ganho de peso ou até mesmo a obesidade. Se você não se alimenta ao acordar, ao passar das horas sua fome irá aumentar e, quando chegar a hora do almoço, você irá comer muito mais do que o necessário.

Mas devemos selecionar bem os alimentos que iremos consumir no desjejum. Escolha alimentos saudáveis, ricos em fibras, proteína, carboidratos, vitaminas e minerais. Faça uma refeição completa, evitando doces e gorduras. Ao acordar, como você ficou sem comer por horas, seu organismo absorverá tudo mais rápido. Então, se você comer um pedaço de bolo, por exemplo, o açúcar será absorvido e estocado direto como gordura. Então, cuidado para não começar errando já no café da manhã.

Muitas pessoas dizem não ter fome pela manhã, e por isso não se alimentam. Isso acontece porque o metabolismo não está trabalhando direito, ou seja, elas se acostumaram ao errado. Com certeza elas devem estar comendo muito à noite antes de dormir e, ao acordarem, ainda estão"cheias". Assim, você deve diminuir as calorias ingeridas à noite, comer algo mais leve, por exemplo, um prato de salada com um filé de peixe ou peito de frango grelhado, ou até mesmo um *shake* de proteína. Dessa forma você irá sentir fome e necessidade de comer ao acordar, e seu metabolismo irá trabalhar da forma correta.

Outra desculpa para não tomar o café da manhã é a falta de tempo; a maioria das pessoas acorda e sai correndo e não toma nem uma xícara de café. Mas será que, depois de saber todos os motivos pelos quais devemos nos alimentar pela manhã, você não consegue reservar uns dez minutinhos para sua saúde? Experimente fazer isso, e sentirá todas as vantagens que o café da manhã irá lhe trazer. Seu dia certamente renderá mais, você ficará mais ativo, mais disposto e sua saúde e boa forma ficarão em dia.

Esses são exemplos do meu café da manhã:

Exemplo 1:

- ovos mexidos ou omelete (preparados sem gordura);
- duas fatias de pão integral *light* ou três biscoitos de arroz integral;
- chá-verde, branco ou vermelho.

Exemplo 2:

- uma dose de *whey protein*;
- uma banana amassada;
- duas colheres de aveia.

23

Carboidratos à noite: sim ou não?

Cortar os carboidratos à noite realmente ajuda a manter a boa forma? Bom, antes de esclarecermos esse assunto, vamos entender o que são os carboidratos.

Nosso corpo converte todos os carboidratos em glicose. A glicose é o combustível das nossas células e produz energia para que nosso organismo realize todas as funções ao longo do dia. Há dois tipos de carboidratos: os *simples* e os *complexos*.

Os *simples* são moléculas pequenas que dão o sabor doce ao alimento. Estão presentes no mel, no leite, nas frutas, na cana-de-açúcar e nos doces em geral.

Os *complexos* são moléculas grandes. Estão presentes nos cereais (arroz, milho, trigo, aveia), nas farinhas feitas dos cereais e em seus derivados, como pão, macarrão, massas, pizzas, bolos, tortas e biscoitos. Também estão presentes nos tubérculos, como a batata, a mandioca, o cará e o inhame.

Para uma dieta saudável devemos consumir os carboidratos complexos em maior quantidade, de preferência os integrais, que contêm mais fibras, como aveia, pães integrais, arroz integral etc. As fibras tornam a liberação de glicose no sangue mais lenta, proporcionando um tempo maior de saciedade, além de auxiliarem no bom funcionamento do organismo e serem ricas em vitaminas e minerais.

Outro fator importante a ser considerado é o índice glicêmico dos carboidratos. É isso que diferencia o modo como o nutriente é digerido. Os carboidratos de *alto índice glicêmico* são digeridos rapidamente pelo organismo e acabam causando uma queda brusca na glicemia, após mais ou menos duas horas da ingestão do alimento. Com essa queda, você sentirá fome. Exemplos de carboidratos de alto índice glicêmico são açúcar refinado e farinha branca. Já os carboidratos com baixo e médio índices glicêmicos demoram mais tempo para chegar até a corrente sanguínea, promovendo a estabilidade da concentração da glicose no sangue. É a situação ideal para o nosso corpo. Os carboidratos com *baixo índice glicêmico* são aqueles ricos em fibras, como as farinhas integrais e a aveia. Você também pode baixar o índice glicêmico de algum alimento incluindo fibras. Por exemplo, se for comer arroz branco pode incluir uma colher de aveia. A aveia diminui o índice glicêmico do arroz branco.

Como vimos, os carboidratos são essenciais na nossa dieta por garantirem energia e o bom funcionamento do nosso intestino. Por isso, não devemos excluí-los totalmente de nossa dieta, mas sim saber escolher as melhores fontes desses nutrientes, as quantidades e horários com que devem ser consumidos.

Durante o dia o consumo de carboidratos é fundamental, pois precisamos de energia para trabalhar, estudar, fazer atividade física. E à noite? Devemos cortar totalmente os carboidratos? Não! Isso vai depender muito de suas atividades. Mas se você tem uma alimentação equilibrada durante o dia, não há necessidade de cortar totalmente os carboidratos à noite, apenas diminuir a quantidade, pois à noite geralmente fazemos menos atividades.

Eu prefiro cortar os carboidratos, pelo menos nas duas últimas refeições antes de dormir, pois me sinto mais leve e acordo com o abdome "enxuto". Costumo comer peito de frango grelhado, com legumes e saladas, ou um *shake* de proteína. Também depende muito de cada organismo; não me sinto bem comendo carboidrato à noite, já me acostumei. Mas você pode começar diminuindo a quantidade e depois cortar totalmente. Para isso, você não pode se esquecer de comer a cada três horas. Caso contrário, à noite, você não conseguirá ficar sem carboidratos, pois estará sem energia e com muita fome.

tlhetica®
NUTRITION
Atlhetica
PROTEIN
4WHEY
TECH

24 Suplementação

Atualmente muito se fala em suplementação quando o assunto é corpo sarado. Apesar de ser um assunto bastante comentado, ainda há muito preconceito em relação ao seu uso. Por ser confundido com esteroides anabolizantes, as pessoas deixam de usufruir de seus benefícios por pura falta de informação.

Existem inúmeros tipos de suplementos, cada um com uma função específica para suprir nossas necessidades. Profissionais da área da saúde recomendam cada vez mais a inclusão de suplementos para seus pacientes, pois, além de serem utilizados para conquistar a boa forma, também ajudam a manter a saúde em dia. Vamos conhecer alguns deles:

Whey protein: Se você pratica alguma atividade física, com certeza já ouviu falar do *whey protein*. É a proteína do soro do leite, bastante concentrada, com alto valor biológico, que apresenta todos os aminoácidos essenciais e não essenciais em quantidades balanceadas e de fácil digestão e absorção. Além de ajudar no aumento e manutenção da massa muscular, o *whey protein* também reforça o sistema imunológico e diminui o estresse e o cortisol, aumentando a *performance* física; por isso, esse suplemento virou o preferido dos atletas e das pessoas que levam uma vida saudável. Quando o objetivo é hipertrofia (aumento de massa muscular), precisamos aumentar a quantidade de proteína da nossa dieta. É necessário incluir certa quantidade em todas as refeições, e é aí que entra o *whey protein*. Nem sempre conseguimos comer a cada três horas, ainda mais peito de frango, ovos ou peixe, até mesmo pela falta de tempo de preparar essas refeições. Nesse caso você pode fazer um *shake* de proteína com *whey protein*; basta misturar o pó na água ou leite desnatado e tomar.

Existem três tipos de *whey protein* no mercado: concentrado, hidrolisado e isolado. O *concentrado* mantém na sua composição pequena quantidade de carboidrato e gordura; algumas pessoas podem ter dificuldade de digeri-lo por ele conter a proteína íntegra e alta concentração de lactose. O *hidrolisado* é a única forma na qual a proteína sofreu hidrólise enzimática, garantindo, assim, maior velocidade de absorção por causa de seu alto valor biológico. Contém cerca de 92% de proteína em sua composição, livre de lactose e gordura. O *isolado* é igualmente livre de gorduras e lactose, contém baixo teor ou zero carboidrato em sua composição e cerca de 90% de proteína. A digestão e a absorção são consideradas ótimas.

Ainda existem as proteínas em *timed release*, que é um *mix* de proteínas. É a mistura de *whey protein*, albumina, caseína e proteína isolada da soja. Por serem proteínas de tempo de absorção diferenciadas, o organismo absorve gradualmente cada uma delas. Dessa maneira, elas ficam mais tempo no organismo, evitando o catabolismo. É ideal para consumir antes de dormir, já que ficamos horas sem nos alimentarmos.

Glutamina: é o aminoácido mais abundante no tecido muscular. Mas, com o estresse causado pelos exercícios intensos e treinamento com pesos, ocorre o esgotamento desse aminoácido, causando perda de massa muscular. Os principais benefícios para praticantes de atividade física são:

- Redução da quebra do tecido muscular e estímulo do crescimento dos músculos.
- Estímulo ao aumento de volume da célula muscular, o que favorece o crescimento muscular.
- Auxílio na entrada dos aminoácidos nas células musculares para melhorar a recuperação após os exercícios.

A glutamina pode aumentar os níveis dos hormônios do crescimento no corpo, o que gera maior crescimento muscular.

Além do mais, a suplementação com glutamina tem provado ser benéfica às funções do sistema imunológico pela melhora do balanço nitrogenado e dos parâmetros nutricionais no período pós-operatório e também por reduzir as perdas proteicas nos estados catabólicos graves. Por essas razões, as dietas enriquecidas com glutamina devem ser consideradas no suporte nutricional de várias doenças. As nutrições enteral (via sonda) e parenteral (via endovenosa) têm sido sugeridas no tratamento desses casos.

Para praticantes de atividade física, os melhores momentos para que a suplementação com glutamina seja feita são logo após os exercícios e antes de dormir.

BCAA: Para a construção e manutenção do músculo são necessários mais de vinte tipos de aminoácidos. O corpo humano pode produzir quase todos os aminoácidos, com exceção de oito a dez deles, que devem ser obtidos por meio da alimentação ou suplementação. Dentre eles, há três que são chamados de BCAA (aminoácidos de cadeia ramificada):

L-Valina, L-Leucina e L-Isoleucina. Os BCAA constituem cerca de 35% da massa muscular corporal e são indispensáveis para o crescimento e a manutenção dos músculos. Além de construírem células e repararem tecidos, eles formam anticorpos, fazem parte do sistema hormonal e enzimático, formam RNA e DNA e ainda transportam oxigênio pelo corpo.

Vocês irão perceber que a ação dos BCAA é muito parecida com a da glutamina, ou seja, impede a perda da massa muscular, que acontece geralmente quando há um treino intenso. Se não houver uma demanda de nutrientes suficiente para abastecer o organismo durante o treino, eles passam a roubar os aminoácidos que estão presentes nos músculos para buscar energia.

O sinal para que o corpo interrompa a síntese de proteínas nos músculos e comece a entrar em estado catabólico é justamente a liberação desses BCAA "roubados" dos músculos.

Fornecer os BCAA, especialmente durante esses períodos de estresse, faz que esse sinal não seja dado, e consequentemente os músculos continuem a sintetizar proteínas e não entrem em catabolismo.

Os BCAA também agem como transportadores de nitrogênio, o que auxilia os músculos a sintetizarem outros aminoácidos necessários para promover o crescimento muscular.

Eles combinam aminoácidos mais simples para formar todo um tecido muscular mais complexo. Ao fazer isso, estimulam a produção de insulina, cuja principal função é permitir que o açúcar do sangue seja absorvido pelas células musculares e usado como fonte de energia. A produção de insulina faz que os aminoácidos penetrem mais facilmente nas células musculares, para que possam servir de matéria-prima na construção dos músculos.

Geralmente a indicação é tomar antes e depois do treino, e a quantidade vai depender da concentração do produto e do peso do praticante de atividade física.

Pré-Treino: o suplemento "Pré-treino" virou febre entre os praticantes de atividade física. Muitos leigos no assunto acham que esse suplemento é o principal responsável pela construção muscular, e isso não é real. Muitos dos suplementos pré-treino são compostos por arginina, cafeína, creatina, beta-alanina, sinefrina, entre outros componentes. Isso tudo dará ao praticante de atividade física melhor performance durante o treino, ou seja, maior concentração, mais força, energia, maior vasodilatação etc. O usuário pode se tornar dependente desses suplementos por acreditar que só terá força se utilizá-los. Por isso, o ideal é utilizá-los por um período e dar um tempo para que seu uso não se torne uma dependência, ou consumir só nos dias de maior cansaço.

Termogênicos: os suplementos termogênicos são compostos por substâncias que têm a capacidade de acelerar o metabolismo, promovendo maior queima de calorias e reduzindo o apetite. Por isso também são chamados de queimadores de gordura, uma vez que são úteis na sua metabolização, transformando-a em energia. Eles otimizam o metabolismo para que a pessoa tenha uma maior queima calórica ao longo do dia, mesmo durante o descanso (metabolismo basal), não permitindo depósitos de outras reservas de gordura.

Geralmente esses suplementos são compostos por substâncias que aumentam energia, diminuem o apetite, aceleram o metabolismo, são diuréticas etc. Pode ser uma ótima opção para quem quer perder peso.

25 Isotônicos, quando tomar?

Os isotônicos não são vendidos apenas em lojas de suplementos, estão nas geladeiras de supermercados e farmácias. Por isso, temos a ideia de que podemos consumi-los sem nenhuma restrição.

A função deles é repor a perda de eletrólitos como o sódio e o potássio, entre outros, e também a perda de água e de glicose, retardando, assim, a fadiga muscular, a hipoglicemia e a hipotensão. Mas o ideal é não consumi-los sem indicação, pois poderá ocorrer um aumento na pressão sanguínea, já que se estará consumindo nutrientes em excesso. Essas bebidas contêm muito sódio, em média 50 a 160 mg por garrafa. Muitas vezes a hidratação com isotônicos naturais como a água de coco já é o suficiente.

Toda atividade física faz o corpo perder água, mas a reposição de glicose e sais minerais nem sempre é necessária. Por exemplo, para corredores de até uma hora de corrida, não há necessidade de utilização de bebidas isotônicas. Para corridas acima de uma hora, há necessidade de isotônicos.

Quando o intuito é emagrecer, também deve haver cuidado com essas bebidas, pois, apesar de saudáveis, são bem calóricas.

No nosso dia a dia, o ideal é hidratar o organismo com bastante água. A água de coco também é válida, além de ser bastante saborosa. Somente quando realmente for necessário, utilize os isotônicos.

Marco Rullkoetter | Shutterstock

Lukas Gojda | Shutterstock

26 Reduza o sódio da sua alimentação

O sal é um dos maiores vilões da alimentação, uma vez que seu consumo excessivo está relacionado ao desenvolvimento de doenças crônicas, como a hipertensão arterial, doenças cardiovasculares, desenvolvimento de osteoporose, câncer gástrico, mortalidade por acidente vascular cerebral (AVC) e sobrecarga renal.

O excesso de sódio também é um vilão para quem quer manter a boa forma, já que ele causa retenção hídrica, deixando a pessoa inchada, com aspecto de quem ganhou alguns quilinhos, e também pode aumentar as celulites, ou seja, um visual nada legal para quem gosta de ter uma boa forma. Diminuindo o sódio da sua alimentação, você se sentirá muito mais leve e sua definição muscular com certeza será muito mais visível.

Algumas pessoas são mais sensíveis às reações do consumo exagerado do sal, precisando dar maior atenção a isso.

O Brasil está entre os maiores consumidores mundiais de sal. Um estudo sobre o consumo de sal por brasileiros indica que a quantidade de sódio disponível para consumo nos domicílios brasileiros excede a ingestão máxima recomendada. Esse dado foi observado em todas as regiões do Brasil e em todas as classes de renda. O consumo brasileiro médio de sal é de 16 g/dia, enquanto a quantidade máxima de sódio recomendada pela OMS é de 6 g /dia.

Devemos nos lembrar de que o sódio não é encontrado somente no sal. Alimentos embutidos, temperos prontos e sopas industrializadas contêm grandes quantidades de sódio.

Manter o sal fora do seu prato ou diminuir suas quantidades nas receitas pode ser mais fácil do que você imagina. Os condimentos e especiarias naturais são excelentes opções para substituir o sal, pois realçam o sabor, o aroma e a aparência dos alimentos, melhoram a digestão e são fontes de vitaminas, minerais e nutrientes antioxidantes.

Seguem abaixo alguns temperinhos que irão mudar sua vida:

- Alho e cebola: esses são básicos, a maioria das pessoas utiliza em seus pratos. Fontes de alicina e gama-glutamilcisteína, de ação antioxidante, previnem contra o câncer, reduzem o colesterol e a pressão arterial, combatem fungos e bactérias e fortalecem o sistema imunológico.
- Alecrim: erva aromática que melhora a digestão, além de realçar o sabor dos alimentos e deixar o prato perfumado.
- Cúrcuma (açafrão): um potente antioxidante, que atua na prevenção de doenças cardiovasculares e do câncer. Deixa o prato mais colorido e saboroso.

- Gengibre: tem o sabor mais picante e um pouco adocicado. Combina com pratos salgados e doces, e também pode ser acrescentado em algumas bebidas. O gengibre é um alimento termogênico; aumenta a temperatura do corpo, fazendo que ocorra mais gasto de energia.
- Louro: muito utilizado em feijão e em sopas. Ajuda no alívio da flatulência.
- Manjericão: utilizado em diversos pratos, dá um toque especial em molhos de tomate, tortas e saladas. É digestivo, diurético, fortificante e antigripal.
- Orégano: dá um toque especial a molhos, omeletes, saladas e pratos que contenham tomate. É um excelente antifúngico.
- Pimenta: usada para condimentar vários pratos quentes no Brasil e no México, é fonte de capsaicina, substância antioxidante que previne alguns tipos de câncer e ajuda na redução do colesterol ruim. A pimenta também acelera o metabolismo, aumentando o gasto calórico.
- Salsa: confere aos pratos um sabor leve e agradável. Possui grandes quantidades de bioflavonoides e monoterpenos, substâncias anticancerígenas.

Experimente usar esses condimentos naturais em suas receitas e verá que não há necessidade de utilizar muito sal para que seus pratos fiquem completamente saborosos.

27 Inclua "gorduras boas" na sua dieta

As gorduras são apontadas como as vilãs das dietas. Mas elas são essenciais para o bom funcionamento do organismo, uma vez que são necessárias para absorver as vitaminas lipossolúveis (A, D, E, e K), manter a pele macia e a aparência jovial, formar hormônios, dar proteção mecânica aos órgãos, dar melhor sabor e textura nos alimentos e ainda provocar a saciedade.

Para obter esses benefícios, devemos saber distinguir quais são as gorduras boas, que são benéficas à saúde, e quais são as ruins, que aumentam o colesterol, causando doenças.

Gorduras ruins

As gorduras saturadas e trans são chamadas de gorduras ruins. Se consumidas em excesso, são uma das principais causas do colesterol elevado e de outras doenças.

Gorduras saturadas são as gorduras de origem animal. São consideradas as gorduras ruins para o nosso organismo, uma vez que são responsáveis por elevar o colesterol ruim, o que pode levar a problemas cardíacos. Então, sempre que pensamos em um animal, temos que saber que sua gordura é ruim para a nossa saúde. Por exemplo, o leite vem da vaca, que por sua vez é um animal; portanto, sua gordura é ruim para a nossa saúde. Um copo de leite integral possui 6 g de gordura, sendo 3 a 4 g somente de gordura ruim. Imaginem: se precisamos de três copos de leite por dia, o que isso pode representar para a nossa saúde? Nesse caso, podemos tomar leite desnatado, que possui a mesma composição do leite integral, porém, sem gordura!

Gorduras trans são uma modificação industrial das gorduras boas, transformando-as em gorduras horríveis para a saúde. Além de aumentarem a taxa do colesterol ruim (LDL), diminuem as taxas do colesterol bom (HDL). Encontramos esse tipo de gordura nas bolachas doces, biscoitos salgados, pães doces, sorvetes, gorduras hidrogenadas, chocolates hidrogenados etc.

Gorduras boas

Gorduras monoinsaturadas ou insaturadas são de origem vegetal, consideradas boas para a saúde. Elas colaboram com o aumento do colesterol bom e previnem doenças do coração. Estão presentes no azeite de oliva, óleo de linhaça, abacate, óleo de coco, castanhas, amêndoas etc.

Inclua essas gorduras em sua alimentação e não tenha medo de consumi-las; se ingeridas na quantidade certa, isso não influenciará no seu peso e lhe trará muitos benefícios.

Africa Studio | Shutterstock

DUSAN ZIDAR | Shutterstock

28 Castanhas, nozes e amêndoas

Também conhecidas como frutas oleaginosas, além de carregarem muitos nutrientes, elas podem ser suas aliadas na hora de emagrecer.

Estudos indicam que, quando associadas a uma dieta saudável, essas frutas auxiliam na perda de peso, pois são ricas em gorduras monoinsaturadas, responsáveis por manter estável o nível de açúcar no sangue e ativar o metabolismo da queima de gorduras. Também são benéficas na diminuição do colesterol ruim e no aumento do colesterol bom. Elas repõem a quantidade de nutrientes necessária para combater o envelhecimento celular, causado pela formação natural de radicais livres.

Castanha do Pará: tem ação tonificante, fortalecedora e nutritiva para o corpo. É indicada principalmente para desnutrição e anemia. É eficaz também para ativar o cérebro. A castanha é rica em selênio, vitamina E, ácido fólico, cálcio, fósforo, magnésio e ácido graxo ômega 3.

O selênio é seu principal componente, um mineral importantíssimo para uma vida longa e saudável. Ele é essencial para ativar enzimas que combatem os radicais livres. Ajuda a formar enzimas antioxidantes, além de fortalecer as defesas do organismo e expulsar dele as substâncias tóxicas.

A quantidade recomendada é de uma unidade por dia.

Noz: é rica em vitaminas A, C, E e potássio. As nozes também possuem um grande conjunto de antioxidantes, como ômega 3 e polifenóis. Possuem uma maior concentração de vitamina E alfa-tocoferol, a forma de vitamina E que o corpo melhor absorve e utiliza. Os antioxidantes existentes nas nozes possuem papel significativo contra os agressores das macromoléculas como DNA, proteínas, lipídios e lipoproteínas. Incluir uma noz na dieta ajuda na prevenção de doenças crônicas degenerativas e, assim, proporciona uma vida longa com qualidade.

A quantidade recomendada é de uma unidade por dia.

Amêndoa: em relação às oleaginosas, a amêndoa é a melhor opção para quem quer perder peso. Ela contém ácido fólico, niacina, potássio, vitamina E, magnésio, fósforo, gorduras monoinsaturadas e proteínas. A amêndoa fortalece o sistema nervoso, diminui o colesterol e melhora afecções cardíacas.

A quantidade recomendada é de quatro unidades por dia.

Diana Taliun | Shutterstock

lidante | Shutterstock

Sea Wave | Shutterstock

29

Coma mais peixes e terá maior longevidade

Tal como a carne, o peixe é rico em proteínas de alto valor nutritivo, mas é quase sempre menos gorduroso do que a carne e, portanto, tem menos calorias. Além de ser excelente para manter a boa forma, o consumo de peixe pode trazer muitos benefícios à sua saúde, entre eles a melhora da memória e maior longevidade.

Grande parte das gorduras encontradas nos peixes é do tipo ômega 3, presente em peixes como sardinha, salmão, arenque e atum. Estudos mostram que o ômega 3 é um nutriente anti-inflamatório que auxilia na redução do risco de doenças cardiovasculares, diminuição dos triglicerídeos, do colesterol e até mesmo da obesidade.

Uma pesquisa feita na Faculdade de Saúde Pública da Universidade Harvard, nos Estados Unidos, concluiu que pessoas com mais de 65 anos que têm o hábito de comer peixe podem conquistar uma maior longevidade. De acordo com o estudo, indivíduos dessa faixa etária que apresentam maiores níveis de ômega 3 vivem, em média, 2,2 anos a mais do que aqueles que não consomem o nutriente. O trabalho foi publicado pelo periódico *Annals of Internal Medicine*.

O ideal é consumir pelo menos duas porções de peixe por semana. O preparo deve ser saudável, assado ou grelhado.

Evgeny Karandaev | Shutterstock

Robyn Mackenzie | Shutterstock

30 Consumo de cálcio para mulheres

Muitas vezes, quando iniciamos uma dieta muito restrita, deixamos de consumir alguns nutrientes muito importantes para nosso organismo. O cálcio é um mineral muito importante para a mulher em todas as idades.

A mulher passa por diversas transformações hormonais durante toda a vida, o que faz aumentar a carência de cálcio. Por isso, a osteoporose é mais comum em mulheres do que em homens.

O cálcio, além de ser excelente para os ossos, é essencial para o bom funcionamento dos nervos, a respiração das células, a coagulação do sangue e até mesmo para movimentar os músculos.

Ossos e dentes armazenam 99% do total de cálcio presente no nosso corpo, e o restante circula no sangue. Os ossos, em particular, funcionam como o grande reservatório de cálcio, além de sustentarem e protegerem o corpo. A falta de cálcio na dieta pode fazer que o organismo retire-o dos ossos para manter seus níveis no sangue em equilíbrio; dessa forma, ocorre o enfraquecimento dos ossos.

A ação da luz do sol sobre a pele converte uma substância química naturalmente presente no corpo em vitamina D ativa. Esta, por sua vez, é transformada nos rins em calcitrol, hormônio responsável pela absorção do cálcio no intestino.

A vitamina D é especialmente vital em períodos de baixa ingestão de cálcio, já que ela aumenta sua absorção no intestino. É importante lembrar que essa vitamina também deve ser mantida em quantidades normais no organismo, pois o seu consumo excessivo pode ser tóxico e resultar em uma perda acentuada de cálcio dos ossos.

Os leites e seus derivados, de preferência com baixo teor de gorduras, são as maiores fontes de cálcio, pelo fato de o cálcio desse grupo de alimentos se encontrar prontamente disponível para a absorção. Mas não podemos nos esquecer dos indivíduos alérgicos ao leite ou intolerantes à lactose, que devem estar atentos a isso. Outros alimentos que são fontes de cálcio são queijo tofu, brócolis, sardinha, espinafre, couve, soja, grão de bico, aveia e chia. É importante consumir algumas porções desses alimentos todos os dias.

Ksenija Ok | Shutterstock

Lecic | Shutterstock

31

Ficar sem comer não emagrece

É muito comum ouvir alguém dizer que quase não come, ou que come umas duas vezes ao dia, e mesmo assim não emagrece. Pois é, esse é o problema! Ficar sem comer não emagrece! O correto é comer pequenas porções algumas vezes ao dia.

Quando ficamos mais de três horas sem nos alimentarmos ou fazemos jejum, nosso organismo tenta se defender. O corpo reduz o gasto calórico e o metabolismo fica mais lento. Essa é a forma do corpo estocar energia para prevenir a falta dela. E quando você volta a comer, sua fome está incontrolável e você come muito mais do que o necessário, e o que come ficará estocado em forma de gordura. O organismo age pela lei da compensação: ele tenta manter uma reserva maior de energia armazenada para se prevenir no caso de um próximo jejum.

Ao perder peso nesse caso, com certeza você não estará perdendo gordura, mas sim líquido e massa muscular, o que não é o ideal e nem saudável. Por isso, é preciso fazer cerca de cinco a seis refeições ao dia, ingerindo pequenas porções, comendo a cada três horas. A orientação de um profissional é indispensável a cada vez que quiser fazer alguma alteração em sua alimentação.

32 Como acelerar nosso metabolismo?

Primeiro vamos entender como funciona nosso metabolismo. Ele é o conjunto de transformações que os nutrientes e outras substâncias químicas sofrem no interior do nosso corpo. Podemos dizer, numa linguagem mais simples, que o metabolismo é a taxa da queima de calorias pelo corpo para se manter vivo. Algumas funções do metabolismo são: gerar energia para as nossas atividades a partir das substâncias obtidas nos alimentos, que são absorvidas e excretadas o tempo todo; sintetizar hormônios e enzimas; destruir células velhas e criar outras novas para substituí-las; entre outras.

A atividade física regular faz seu metabolismo acelerar e a queima de calorias se torna mais eficiente. E o mais interessante, mesmo depois de encerrada a atividade, o corpo continua gastando energia numa velocidade maior durante mais algum tempo. Mas existem outros fatores que também contribuem para o aumento do metabolismo:

- Pratique musculação. Quanto maior a porcentagem de massa magra, maior o gasto calórico do corpo em repouso.
- Pratique exercícios aeróbios. A taxa metabólica (capacidade de "queimar" os alimentos) aumentará 25% nas 15 horas que seguem uma atividade intensa.
- Fracione sua alimentação, coma a cada três horas.
- Os carboidratos são essenciais para um metabolismo rápido. Fornecem combustível aos músculos, ao sistema nervoso e às células do sangue. Dê sempre preferência aos carboidratos complexos, aqueles de baixo índice glicêmico, todos ricos em fibras e pobres em gorduras. Eles levam tempo para serem digeridos e por isso aceleram o metabolismo.
- As proteínas ajudam a formar músculos, que consomem calorias mais rapidamente. Além disso, diminuem a velocidade de digestão dos carboidratos. Opte sempre pelas proteínas magras: patinho, rosbife, peixe, peito de frango, ricota, queijo *cottage*, ovo, soja e derivados.
- As gorduras são fundamentais para o metabolismo. Retardam a digestão do carboidrato e permitem que a energia seja gasta de forma mais homogênea. Devemos optar pelas gorduras boas: azeite de oliva, óleo de coco, abacate, castanhas etc.
- Tome café da manhã todos os dias. Segundo pesquisas, pular essa refeição reduz o metabolismo.
- Hidratar-se também é muito importante. A água ajuda o sangue a transportar melhor o oxigênio para os músculos. Na falta dela, você fica lento, menos ativo e queima menos calorias.

Alguns alimentos também podem ajudar nesse processo:

- Cafeína: assim como você a usa para ficar acordado, seu corpo também fará a mesma coisa. A cafeína contida em uma xícara eventual de café pode acelerar o metabolismo em até 15%, além de ajudar a mobilizar forças que promovem queima de gordura. O ideal é beber entre uma e duas xícaras diariamente, especialmente antes de fazer exercícios físicos.
- Chá-verde: a junção de cafeína e um oxidante chamado catequina é capaz de estimular o sistema nervoso e aumentar a queima de gordura. Estudos sugerem que, por isso, beber chá-verde pode ajudar a reduzir peso. A sugestão é consumir vários copos por dia, mas cada pessoa deve prestar atenção em como a cafeína afeta o seu próprio organismo.
- Iogurte desnatado: alimentos ricos em cálcio têm superpoderes de emagrecimento. De acordo com um estudo, o baixo consumo desse mineral pode aumentar a capacidade do seu corpo de acumular gorduras. Com 50% a mais de cálcio por porção do que o leite, o iogurte é uma fonte potente de probióticos, que podem controlar a gordura abdominal. O ideal é consumir pelo menos duas porções diariamente.
- Gengibre: aumenta o metabolismo em 20%. Pode ser usado cru, refogado ou em forma de chá. Outra opção é bater no liquidificador com aipo, laranja, maçã ou qualquer outra fruta.
- Ômega 3: aumenta o metabolismo basal, ou seja, queima calorias. Funciona como anti-inflamatório, previne e trata doenças

cardiovasculares. Suas fontes são óleo de prímula, óleo de peixe (como salmão e sardinha) e semente de linhaça.

- Pimenta vermelha: acelera o metabolismo em 20%, pois aumenta a circulação e a temperatura do corpo, além de melhorar a digestão. Tem a propriedade de retirar gorduras das artérias.
- Canela: provoca o aumento da temperatura corporal e, com isso, o corpo equilibra novamente a temperatura, sendo obrigado a gastar a gordura acumulada no corpo. A canela também reduz o açúcar no sangue, melhora o processo intestinal, reduz a taxa do colesterol etc.

Chamille White | Shutterstock

Mas atenção! Um metabolismo muito lento pode estar relacionado com outras doenças, sendo a mais comum entre elas o hipotireoidismo (um distúrbio ocasionado pela diminuição dos hormônios produzidos pela tireoide). Para reverter esse quadro, só mesmo com tratamento especializado. "O problema pode ser diagnosticado com um simples exame de sangue, que faça a dosagem do TSH", segundo uma endocrinologista. Por isso, fazer avaliações clínicas periodicamente é muito importante.

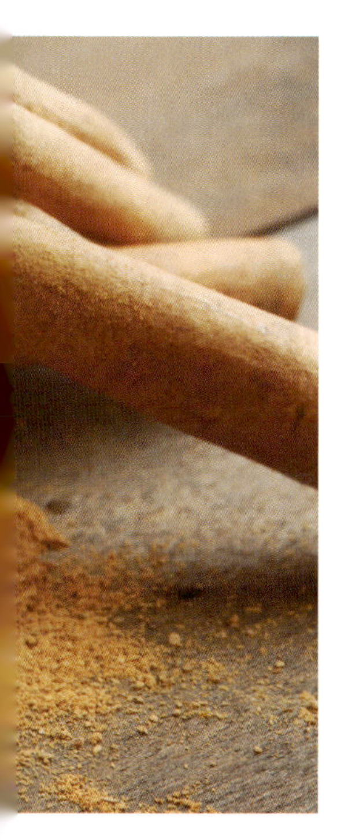

wavebreakmedia | Shutterstock

33 Batata-doce, inhame e aipim

Quando se fala em dieta, logo escutamos falar em batata-doce, inhame e aipim. E não é à toa! Essas raízes são pobres em gorduras, ricas em fibras, que saciam a fome e ajudam a regular o intestino, e são excelentes fontes de carboidrato de índice glicêmico baixo. Conheçam os benefícios de cada raiz:

Batata-doce: além do seu índice glicêmico favorável, a batata-doce contém um alto teor de vitamina A, B e sais minerais, como cálcio, ferro, potássio e fósforo. Nela há uma maior proporção de betacarotenos do que nas verduras, cujo percentual de aproveitamento pelo organismo (biodisponibilidade) é notório. Isto faz que a batata-doce tenha propriedades antioxidantes de grande relevância. Ela possui também propriedades que melhoram a regulação dos níveis de açúcar no sangue, o que favorece as pessoas com diabetes.

Inhame: é um alimento rico em amido, betacaroteno, vitamina C e vitaminas do complexo B. Contém, ainda, cálcio, fósforo e ferro. É recomendado na prevenção de doenças como dengue, malária e febre amarela, e melhora o sistema imunológico.

O inhame é ótimo para limpar o sangue por fazer muitas impurezas do sangue saírem através da pele, dos rins e dos intestinos. Nas mulheres, aumenta a fertilidade por conter fitoestrógenos, hormônios vegetais importantes na menopausa e pós-menopausa.

Aipim: também é conhecido como mandioca ou macaxeira, dependendo da região do país. Pode ser considerado uma importante fonte de carboidratos na dieta por conter grande quantidade de amido. É rico em cálcio, ferro, fósforo, potássio, vitamina C, possui ação antioxidante e é rico em vitaminas do complexo B. Fornece energia sem gerar picos de insulina, hormônio responsável pelo acúmulo de gordura no corpo.

Como vocês puderam perceber, as propriedades dessas três raízes são muito parecidas. Todas são benéficas à nossa saúde. Se consumidas da maneira e quantidade corretas, além de pontos positivos à sua saúde também agregarão muito à sua boa forma.

Arina P Habich | Shutterstock

paulovilela | Shutterstock

Ildi Papp | Shutterstock

34 Diuréticos: conheça suas reais funções

O desespero em querer emagrecer e a falta de informação faz que algumas pessoas tomem atitudes erradas. Tais atitudes podem gerar grandes danos à saúde.

Muitas pessoas têm a ilusão de que tomar diuréticos faz emagrecer. Todo planejamento de emagrecimento tem como fundamento a redução da gordura corporal. O diurético está relacionado somente à perda de líquidos, não tendo atuação na gordura.

Médicos explicam que esses remédios só devem ser utilizados em casos de retenção de líquidos e inchaços, provocados por doenças cardíacas e renais ou para o controle da pressão arterial, sempre com a indicação de um especialista. Alguns medicamentos diuréticos utilizados nesses casos são a hidroclorotiazida, a indapamida e a furosemida.

O uso indiscriminado desses medicamentos pode ocasionar um distúrbio hidroeletrolítico, que pode causar desidratação e até alteração nas dosagens de eletrólitos como potássio, sódio e magnésio. A falta de potássio pode gerar desde cãibras e cansaço muscular até alterações no ritmo do coração, o que pode levar a consequências muito mais sérias, como uma parada cardíaca.

Para ter uma vida saudável é necessário consumir produtos diuréticos, pois eles são responsáveis pelo bom funcionamento dos rins, limpando o sangue e eliminando as toxinas por meio da urina. Mas se você não tem nenhuma doença, o ideal e mais saudável é utilizar diuréticos naturais, como água, água de coco, chás e café. Algumas frutas como melancia, morango, melão e abacaxi são ótimos diuréticos, da mesma forma que legumes como aspargo, salsa, chuchu e agrião. Chás de cidreira, hortelã, abacateiro, cavalinha, hibiscus e erva-doce também são ótimos diuréticos.

Olena Kaminetska | Shutterstock

Gayvoronskaya_Yana | Shutterstock

35 Vitamina C e sua importância

Quando falamos de vitamina C, logo lembramos que faz bem para a gripe. Mas suas funções vão muito além.

Praticar atividade física causa uma maior liberação de radicais livres, moléculas que danificam nosso organismo. Durante a atividade física prolongada de alta intensidade, pode-se aumentar em dez vezes, ou até mais, o consumo de oxigênio dos músculos, o que intensifica a produção de radicais livres, gerando lesão das células e tecidos. Indivíduos que praticam exercícios intensos têm maior facilidade em desenvolver doenças respiratórias, pois os radicais livres debilitam sua imunidade.

A vitamina C é considerada um dos mais potentes antioxidantes por ter a capacidade de doar elétrons e inibir os radicais livres e, ainda, potencializar a ação de outros antioxidantes, principalmente o da vitamina E. Além disso, ela tem um papel essencial no tecido conjuntivo, na cartilagem e no tecido ósseo, tecidos que sempre devem ser preservados pelo atleta.

As principais funções da vitamina C no nosso organismo são:

- Fortalecer os capilares sanguíneos.
- Auxiliar em tratamentos antialérgicos.
- Ajudar a fortalecer o sistema imunológico.
- Prevenir gripes e infecções.
- Atuar no organismo como um poderoso antioxidante.
- Dar resistência aos ossos e dentes.
- Facilitar a absorção de ferro pelo organismo.
- Atuar no metabolismo de alguns aminoácidos etc.
- Agir sobre a pele, por meio de seu grande poder antioxidante, que impede que as células sofram processos degenerativos que levam ao envelhecimento precoce e ao aparecimento de manchas e irregularidades na pele. Dar maior firmeza e sustentação à pele, por meio da produção de colágeno.

As principais fontes de vitamina C são: abacaxi, acerola, agrião, alface, goiaba, laranja, limão, kiwi, pimentão, rúcula, alho, cebola, repolho, espinafre, caju, morango etc.

Quando não é possível a ingestão adequada de vitamina C por meio da alimentação, o uso de suplemento é indicado. Mas quando isso acontece, deve ser sempre orientado por um médico, pois ele saberá qual a quantidade necessária para o seu organismo. O uso exagerado da vitamina C pode causar reações adversas.

Milleflore Images | Shutterstock

S-F | Shutterstock

36 As melhores frutas para a dieta

Quando se fala em dieta e em alimentação saudável, logo pensamos em frutas e verduras. As frutas realmente são de extrema importância para nossa saúde. Elas são fontes naturais de vitaminas, minerais, água e fibras; além de serem saborosas, existe uma grande variedade delas. Mas temos que tomar cuidado com a quantidade que ingerimos, pois, apesar de serem muito saudáveis, as frutas têm carboidratos, calorias e gorduras. Eu adoro frutas, nunca deixo de consumi-las, a não ser quando preciso perder peso rapidamente ou definir meu corpo para algum trabalho; aí eu deixo de comê-las, mas apenas por um curto período. Além de amar frutas e saber da importância que elas têm na nossa saúde, elas tiram minha vontade de comer doce.

Vamos conhecer algumas frutas que podem ajudar na dieta:

Maçã: é uma das frutas de que eu mais gosto. Ela é extremamente benéfica para perder peso, pois é pouco calórica e possui uma grande quantidade de fibras que auxiliam no processo digestivo. A maçã possui polifenol, uma substância também encontrada no chá-verde, que tem a capacidade de estimular o organismo, e também possui pectina, um tipo de fibra alimentar solúvel que ajuda a manter os níveis de glicose estáveis no sangue e ajuda a controlar a liberação de insulina, responsável pelo armazenamento de gordura no corpo. Deve-se consumir a fruta de preferência em estado sólido e com casca.

Papaia: conhecido como mamão papaia, contém enzimas que auxiliam no processo de emagrecimento, como a papaína, que ajuda a digerir carne e outras proteínas, acelerando o metabolismo. A papaia é rica em fibras que evitam a prisão de ventre. Muitos dos benefícios da papaia estão presentes nas sementes e na casca.

Melancia: possui mais de 90% de água, o que ajuda a promover uma desintoxicação do organismo, com a eliminação de gorduras e toxinas. Também contém licopeno, um auxiliar na prevenção de doenças cardíacas, e L-citrulina, que atua em conjunto com outros aminoácidos para reduzir o nível de açúcar no sangue e evitar o acúmulo de gordura. É uma fruta pouco calórica e sua quantidade de água mantém a sensação de saciedade por mais tempo.

Melão: assim como a melancia, o melão é rico em água e fibras e pouco calórico. Rico em vitamina C, betacaroteno e potássio, o melão ajuda a complementar as necessidades de vitaminas e minerais essenciais, com a vantagem de ter poucas calorias e nenhuma gordura.

Pera: é outra fruta que pode ser excelente para a perda de peso. Por ser pouco calórica e com baixo índice glicêmico, a pera ajuda na prevenção do armazenamento de gordura corporal. O consumo dessa fruta 15 minutos antes ou após a refeição desencadeia uma sensação de saciedade plena, por causa de sua grande quantidade de fibras.

Abacaxi: contém uma enzima digestiva chamada bromelina que, além de aliviar problemas digestivos, ajuda a regular o funcionamento do intestino. Por ser uma fruta bastante doce, ele reduz a vontade de comer doces. Também é rico em água e fibras.

Vale a pena lembrar: se for incluir essas frutas na sua dieta, elas devem ser consumidas frescas e em suas formas naturais, nunca enlatadas ou acrescidas de açúcar.

37 Verdades sobre o glúten

O glúten é uma proteína encontrada no trigo, cevada, centeio, malte e aveia. Ela provoca inflamações que podem gerar inchaço, dores articulares e indisposição.

Retirar o glúten da dieta está na moda, mas quais são os benefícios que uma alimentação sem essa substância pode trazer?

Atualmente as pessoas estão excluindo alimentos que contém glúten do seu cardápio para a perda de peso. Mas há indivíduos que realmente necessitam de uma dieta especial sem essa substância. São pessoas com intolerância ao glúten, ou celíacas. Quando uma pessoa com essa intolerância ingere alimentos com glúten, o sistema imunológico responde destruindo o revestimento do trato intestinal, o que afeta a habilidade do corpo de absorver nutrientes.

Os benefícios da dieta sem essa proteína podem ser percebidos por qualquer pessoa. Eliminar o glúten da dieta promove a diminuição de retenção de líquidos, a perda drástica e rápida de peso e a correta absorção dos nutrientes pelo intestino. Mas uma dieta sem glúten pode pesar no orçamento. Alimentos sem essa proteína, além de serem mais difíceis de encontrar, são bem mais caros que os convencionais. Dependendo do caso, vale a pena pagar um pouco mais caro por esses alimentos. Por outro lado, se você não tiver intolerância ao glúten e não estiver disposto a se privar totalmente desses alimentos, é só consumi-los moderadamente.

Alguns alimentos que contêm glúten: trigo (farinha, semolina, germe e farelo), aveia (flocos e farinha), cevada, malte e todos os produtos elaborados com os cereais citados acima (pães, bolos, macarrão etc.). Você pode substituí-los por arroz, batata, milho e mandioca, entre outros. Mas antes de retirar ou acrescentar qualquer substância da sua dieta, consulte seu nutricionista.

Iryna Melnyk | Shutterstock

Peangdao | Shutterstock

Gayvoronskaya Yana | Shutterstock

margouillat photo | Shutterstock

38 Lactose: retirar ou não da sua dieta?

A lactose é um carboidrato, mais especificamente um dissacarídeo, composto por dois monossacarídeos: a glicose e a galactose. É o único carboidrato do leite e é exclusiva desse alimento, porque é produzida apenas nas glândulas mamárias dos mamíferos: no leite humano representa cerca de 7,2% e no leite de vaca, cerca de 4,7%.

Para ser absorvida, a lactose precisa ser dividida em glicose e galactose e, por isso, todos os mamíferos produzem uma enzima que tem essa função, a lactase. Pessoas com intolerância à lactose não produzem essa enzima. É muito comum que essas pessoas sintam desconforto ao ingerir alimentos com lactose, principalmente o leite, por conter uma quantidade maior de lactose do que seus derivados. Mas a intolerância é diferente para cada pessoa. Algumas não podem ingeri-la em nenhuma quantidade, pois passam mal, outras conseguem ingerir poucas quantidades.

A dieta sem lactose para as pessoas que não têm intolerância tem os mesmos princípios que a dieta sem glúten: a ideia é eliminar o leite e seus derivados da alimentação. Acredita-se que o açúcar (lactose) e as proteínas (betalactoglobulina e caseína) presentes no leite poderiam deixar nosso organismo mais vulnerável ao ganho de peso. Além disso, podem provocar sintomas de desconforto gástrico e excesso de gases, além de inchaço e retenção de líquidos.

Mas atenção! Os leites e seus derivados são fontes de cálcio, e quando não estão presentes na dieta é necessário readequar a alimentação para obter o cálcio de outras fontes. Quando se fala em cálcio, as pessoas logo imaginam que ele está presente somente nos alimentos lácteos. Porém, existem diversos alimentos de origem vegetal ricos em cálcio, por exemplo, brócolis, espinafre, gergelim, amaranto etc.

Atualmente existem no mercado produtos com baixo teor de lactose, como leites, iogurtes e queijos, ou até mesmo isentos desse açúcar. São produtos com um custo maior, mas para aqueles que realmente necessitam de uma alimentação diferenciada, o jeito é abrir a mão e gastar um pouco mais.

É importante lembrar que, com exceção de quem possui intolerância tanto à lactose quanto ao glúten, não há necessidade de excluí-los da dieta, a não ser por orientação de um profissional da área da saúde.

Em época de competição eu realmente eliminava a frutose e a lactose da minha alimentação, mas não o glúten, pois fazia minha dieta até o final com aveia, e ficava com o *shape* impecável. Por isso, depende muito de cada organismo e da quantidade que você irá ingerir. Atualmente, que não compito mais, mas preciso manter uma dieta por causa dos meus trabalhos como modelo, no café da manhã, por exemplo, costumo comer pão na forma integral e *light*. Mas é pão, contém glúten. E não engordo ou me sinto inchada, pois como apenas duas fatias, o que não interfere no meu físico. O mesmo acontece com a lactose. Eu adoro iogurtes, então nada me impede de, às vezes, comer iogurte desnatado ou *light*.

O importante é ter bom senso, saber dosar as coisas. Nem sempre o radical é a melhor opção.

39

Não relaxe nas férias

Você se dedica o ano todo, não falta um dia na academia, alimenta-se corretamente, priva-se de várias coisas para manter seu corpo em dia. Chegam as férias, vai colocar tudo a perder? Vai perder em poucas semanas tudo o que conquistou em meses de dedicação?

Pois é, as pessoas têm a mania de achar que só porque é férias é possível mudar toda a rotina, esquecer-se de tudo e só festar. Deixar de praticar atividade física e de se alimentar corretamente ao mesmo tempo é desastroso! Claro, não precisamos ser radicais, pois, afinal, todo mundo merece um descanso. Nosso corpo precisa de uma folga. Mas deixá-lo totalmente desligado de uma vida saudável por um período é arriscado.

O ideal, se quiser dar uma folga na rotina regrada, é diminuir o ritmo dos exercícios. Você pode aproveitar para praticar atividade ao ar livre, praticar alguns esportes que não costuma fazer no seu dia a dia, correr no calçadão, andar de bicicleta, jogar vôlei, futebol, frescobol etc. Dessa forma, você mantém seu corpo em atividade e sai da rotina, podendo ser muito mais divertido.

Quanto à alimentação, o cuidado deve ser ainda maior. Não largue mão de sua dieta, você pode se arrepender muito. Poucos dias saindo totalmente de sua dieta pode acabar com tudo o que você conquistou. Então, se realmente sentir necessidade de dar uma escapadinha, escolha alimentos menos calóricos e gordurosos. Saia da dieta apenas em uma refeição ao dia, não pule refeições, ingira muito líquido. Se for tomar um sorvete, escolha aqueles à base de frutas, que contém menos gordura.

Elena Shashkina | Shutterstock

Carregue sempre em sua bolsa uma fruta, barras de proteína ou cereais, ou as famosas marmitas com suas refeições completas. Sempre damos um jeito quando realmente queremos, quando temos foco e determinação.

Podemos aproveitar muito bem nossas férias sem deixarmos a vida saudável de lado. É só fazermos as melhores escolhas e nos adaptarmos a determinadas situações.

biletskiya | Shutterstock

40 Roupas apropriadas para a prática de atividade física

A prática de atividade física está sendo cada vez mais incorporada à vida das pessoas. Com isso, a indústria têxtil tem desenvolvido roupas cada vez mais confortáveis e bonitas para esse estilo de vida.

Antes de começarmos a fazer exercícios, precisamos saber que é necessário ter roupas apropriadas para isso. Precisamos usar roupas confortáveis e leves, que nos deem flexibilidade para os movimentos. Também existem tênis apropriados para cada tipo de esporte; por isso, ao escolher, é preciso estar atento se o vendedor realmente entende do assunto.

Já conseguimos ir elegantes para a academia, com roupas *fashion*. Passou a época em que vestíamos cores básicas para esse tipo de atividade. Atualmente temos inúmeras opções de modelos de roupas, cores, cortes, para todos os gostos. Para quem está acima do peso, também há opções mais discretas; todo mundo tem direito de estar na moda *fitness*. O importante é que você se sinta confiante para que a atividade física seja feita com prazer e conforto.

A tecnologia está tão avançada que já existem tecidos que ajudam a tratar as celulites. Eles são feitos com nanopartículas de cerâmica, que os fazem absorver o calor do corpo mandando-o de volta à pele na forma de raios infravermelhos. Essa tecnologia queima gordura e estimula a circulação. E não para por aí, existem também peças com tecnologia para a vaporização do suor, que são as mais indicadas para prática de corridas e de exercícios na academia; também existem roupas específicas para agregar leveza e favorecer o esportista na hora da prática por serem feitas com fios bem finos de poliéster ou poliamida, e roupas com proteção contra radiação solar.

Como vimos, tecnologia não falta para que possamos aproveitar da melhor forma possível o momento que reservamos para cuidar do nosso corpo e da nossa saúde.

tlhetica
NUTRITION

Maridav | Shutterstock

41 Pratique atividade física ao ar livre

Muitas pessoas deixam de cuidar do corpo e da saúde por não suportarem a ideia de ficar em lugares fechados, como a academia, ou de seguirem uma rotina de exercícios. Mas para isso há uma solução! Nada melhor do que você praticar atividade física ao ar livre:

- O contato com a natureza nos traz tranquilidade, paz de espírito e alivia o estresse.
- Regula o sono e melhora a disposição, pois a luz natural é fundamental para ajustar nosso relógio biológico.
- Tomar 15 minutos de sol ao dia é suficiente para estimular o organismo a fabricar vitamina D, nutriente essencial na construção de ossos e músculos fortes.
- Os exercícios aeróbios também aumentam a resistência e a imunidade, evitando inúmeras doenças, e ainda deixam o corpo em forma, já que a queima de calorias é bem alta.

Saia da rotina dos treinos da academia pelo menos uma vez por semana. Vá à praia, ao parque ou ao bosque. Faça uma caminhada, corrida, ande de bicicleta. Aproveite os benefícios que a atividade física ao ar livre proporciona.

42 Cuidados com a atividade física no calor

No verão muitas pessoas optam por fazer atividade física ao ar livre, mas é necessário tomar alguns cuidados com o excesso de calor, pois seu corpo pode ficar superaquecido e, dessa forma, haver desidratação, tonturas, câimbras e até desmaios.

- O primeiro passo é diminuir o ritmo dos exercícios. A duração deve ser menor do que a normal.
- Evite os exercícios ao ar livre entre 11 e 16 h.
- Use roupas claras e leves.
- A hidratação é essencial. Beba água antes, durante e depois dos exercícios.
- O uso do protetor solar também é indispensável.
- Alguns acessórios como boné, chapéu e óculos escuros ajudam na proteção.

Mesmo que a prática não seja ao ar livre, em uma academia, por exemplo, também devemos ficar atentos. Os cuidados são quase os mesmos, usar roupas leves, hidratar-se, manter um ritmo menor de exercícios e escolher um horário em que não faça tanto calor. Com esses cuidados, nada nos impede de termos um ótimo rendimento com os exercícios físicos.

Syda Productions | Shutterstock

TravnikovStudio | Shutterstock

43 Cuide-se por inteiro

Quando pensamos em *fitness*, pensamos em corpo sarado. A palavra *fitness* significa "aptidão física", "bem-estar", "saúde". Ter saúde, além de não ter nenhuma doença física, é estar bem mental e espiritualmente. Muitas pessoas cuidam tanto do corpo que se esquecem de cuidar do resto. É muito importante termos equilíbrio mental para vivermos bem no nosso dia a dia.

Outro fator a ser lembrado é que o indivíduo determina que precisa ficar com o corpo perfeito e se esquece até de escovar os dentes, ou seja, acredita que, se tiver o abdome "tanquinho" e pernas torneadas está tudo certo, não precisa ter mais nada. O que as pessoas precisam entender é que, para realmente entrar em um padrão *fitness*, é necessário se cuidar por completo. Visitar seu dentista é essencial, cuidar da sua saúde bucal é de extrema importância. Seu sorriso é seu cartão de visitas, é com ele que você conquista as pessoas. Quando temos os dentes bem cuidados, sorrimos com mais confiança e quem está ao redor consegue perceber.

A pele e os cabelos também não são diferentes. Temos de dar uma atenção especial a eles. O cabelo é a moldura do rosto, principalmente para as mulheres. Um cabelo bem cuidado, com brilho, leveza e maciez torna a mulher muito mais atraente. Ela pode ter o rosto bonito, mas se não tiver o cabelo com um aspecto saudável, sua beleza diminui. Então dedique-se um pouco mais a eles; corte, hidrate, use produtos de boa qualidade e verá a diferença. Com a pele não é diferente. Uma pele extremamente seca ou muito oleosa, com acne, não é nada agradável aos olhos. Logo pensamos que a pessoa não se cuida, que é relaxada, e isso não é legal, não passa credibilidade. Ir a uma esteticista pelo menos uma

nenetus | Shutterstock

vez a cada três meses, fazer uma limpeza de pele, já ajuda muito. Passar protetor solar todos os dias, hidratar, retirar a maquiagem antes de dormir, ter uma boa alimentação, beber bastante água, tudo isso pode ajudar a manter uma pele saudável, bonita e atraente.

Vamos levar uma vida saudável, com qualidade de vida, pensando em todos os aspectos. Cuide-se, ame-se. Você merece todo esse cuidado, e quem está ao seu lado também.

gpointstudio | Shutterstock

44 Não existem milagres

As pessoas vivem atrás de algo milagroso para mudarem o corpo. E quando chega o verão, então? Entram em total desespero à procura de uma fórmula mágica. Mas na prática não é assim que funciona. A maioria das pessoas tem pressa, não tem paciência para fazer um trabalho correto o ano todo. O resultado adquirido com a musculação não aparece de uma hora para outra, é adquirido aos poucos. Você consegue sentir os resultados depois de alguns meses ou anos. E junto vem a dieta; se você não tiver uma alimentação saudável, não terá o resultado almejado.

Não existem dietas, produtos ou exercícios milagrosos. Existe determinação, força de vontade, disciplina e foco. Não adianta ir atrás de algo que faça você emagrecer rapidamente; até pode funcionar, mas não será de uma forma saudável e nem consistente.

Atualmente há muitas informações na internet. O que você mais encontra é a menina que começou a treinar há cinco meses, emagreceu alguns quilos e já se acha no direito de dar dicas. E o pior é que as pessoas dão importância a isso, seguem o que tal pessoa fala. E isso não é tão simples assim. Mexer na sua alimentação ou atividade física requer cuidados.

Não adianta pegar uma dieta pronta na internet e começar a fazer. Cada organismo responde de uma forma, cada pessoa tem um metabolismo diferente, temos pesos, alturas, genética, estilo de vida diferentes. Por isso, o correto é sempre ter a orientação de um profissional. E não se esqueça de que, para obter o corpo dos sonhos, o cuidado precisa ser diário.

symbiot | Shutterstock

Jezper | Shutterstock

45 Diga não aos refrigerantes

Os refrigerantes são bebidas constituídas por água, gás carbônico, açúcar ou extratos de vegetais. Podem conter corantes ou acidulantes; neste caso, são chamados de bebidas artificiais.

A ingestão de refrigerantes em excesso pode trazer danos à saúde. Aqueles à base de cola, principalmente, podem fragilizar os ossos, cabelos e unhas, pois contêm ácido fosfórico, que cria acidez no sangue e, para que o corpo recupere o equilíbrio, o cálcio é retirado dos ossos, fragilizando-os.

Grande parte deles não tem nenhum valor nutritivo. Alguns nutrientes contidos nos refrigerantes, se tomados em excesso, trazem danos sérios ao organismo, como distúrbios cardíacos, insônia e reações alérgicas. Alguns aditivos associados a essas bebidas podem deixar a pessoa com maior probabilidade de desenvolver câncer.

As versões *diet*, *light* e as águas aromatizadas, apesar de não conterem açúcar, possuem corantes, conservantes, aromatizantes e adoçantes, que intoxicam o organismo, prejudicando o seu funcionamento. Também possuem muito sódio, como qualquer outro produto industrializado, o que favorece a retenção de líquidos, o aumento de peso, barriga estufada e pernas inchadas.

Barbara Neveu | Shutterstock

46
Ingerir líquidos durante as refeições engorda?

Na verdade, ingerir líquidos durante as refeições prejudica a digestão e pode dilatar o estômago, provocando sensação de inchaço abdominal. Dessa forma, é importante não criar o hábito de ingerir líquidos durante as refeições, pois o estômago sempre passará por essa dilatação que irá torná-lo mais elástico. A dilatação reduz a sensação de saciedade e você pode acabar comendo mais.

Os líquidos devem ser ingeridos 20 minutos antes ou uma hora depois das refeições. Quando optar por ingeri-los durante as refeições, é indicado no máximo um copo pequeno, em torno de 150 a 200 ml.

47

Mastigar devagar ajuda a emagrecer

Com a correria do dia a dia, está cada vez mais difícil se sentar à mesa e ter uma refeição tranquila. Mas comer sem pressa, sentado, faz uma grande diferença ao organismo e pode trazer benefícios à sua forma física.

Mastigar adequadamente é um grande aliado para a perda de peso. Quando se come lentamente, come-se menos. Mastigar várias vezes e em ritmo lento contribui para que o organismo se sinta saciado com a ingestão de uma quantidade menor de comida. A mastigação lenta proporciona uma comunicação efetiva entre o estômago e o cérebro, fazendo que haja maior liberação de hormônios da saciedade e também um aumento da percepção de quando se está realmente satisfeito. Com isso, há uma menor ingestão de alimentos durante a refeição e, consequentemente, o controle do peso.

O nosso organismo leva cerca de 15 a 20 minutos para avisar o cérebro de que está saciado; daí a importância de comer devagar.

Use protetor solar

Quando se fala em protetor solar, logo nos lembramos de verão, praia e piscina. É o que acontece com a maioria das pessoas, que só se lembra do produto quando chegam as férias. Mas o que as pessoas precisam entender de uma vez por todas é que devem usar protetor solar todos os dias, o ano todo. No verão a atenção precisa ser redobrada, mas, mesmo no inverno, em dias nublados, a incidência de raios UVA e UVB se mantém praticamente comparada com o verão.

Essas radiações podem causar envelhecimento precoce, manchas, rugas e flacidez na pele. E não é só questão de estética, pois também podem prejudicar a saúde: os raios ultravioletas podem causar lesões, queimaduras e, em casos sérios, câncer de pele.

O protetor solar deve ser aplicado todos os dias pela manhã, antes de sair de casa. Eu costumo passar sempre antes de me maquiar. Se o dia estiver muito ensolarado ou se você transpira muito, é preciso reaplicar no período da tarde.

Existe um protetor solar para cada tipo de pele. Peles oleosas devem ter um cuidado especial, pois podem surgir cravos e espinhas. Por isso, o ideal é escolher as versões *oil free*.

Proteja sua pele para não se arrepender futuramente.

49
Por que esfoliar a pele do rosto?

A esfoliação deve fazer parte dos cuidados com a pele do rosto. Nossa pele está constantemente exposta a agentes externos como fumaça, poluição, ácaros, maquiagem, suor, além de células mortas que podem obstruir os poros, prejudicando a respiração celular, podendo levar ao surgimento de acne e à absorção inadequada dos hidratantes e outros componentes.

Além de remover possíveis poros obstruídos, a esfoliação remove as células mortas da pele. Deve-se levar em conta o tipo de pele, a sensibilidade aos abrasivos e o estado em que sua pele se encontra.

Eu costumo usar um esfoliante suave todos os dias, antes de dormir e logo após passar hidratante. Mas em alguns casos o uso diário do esfoliante não é indicado, por isso, o ideal é consultar seu dermatologista.

Voyagerix | Shutterstock

50

Sempre retire a maquiagem antes de dormir

É normal termos preguiça de retirar a maquiagem depois de um dia cansativo de trabalho. Mas dormir com maquiagem no rosto é prejudicial à pele. Além de acumular sujeira, pó, poluição e suor que expelimos durante todo o dia, que se não forem retirados podem causar acne e outras infecções, a maquiagem impede que a derme respire corretamente. Em médio prazo, a pele perderá a viscosidade, ficará mais oleosa e o envelhecimento será acelerado.

Durante a noite, a pele absorve melhor os nutrientes, pois não sofre com agentes externos. Mas, para isso, ela precisa estar limpa. O ideal é usar um demaquilante com a ajuda de um algodão ou lenço, depois lavar com água em abundância, para ter certeza de que a maquiagem saiu por completo. Depois de limpa, a pele pode receber um hidratante específico para seu tipo. Vamos deixar nossa pele respirar adequadamente; dormir, sempre com o rosto limpinho!

51

Como se manter focado no seu objetivo?

Muitas pessoas me perguntam como eu faço para me manter sempre focada, para não cair em tentação e sair da dieta. Como faço naquele dia em que estou mais cansada ou com preguiça?

Eu vou explicar. Sou um ser humano como qualquer outro. Tenho meus defeitos, meus medos, minhas inseguranças. Há dias em que estou exausta, pois, como a maioria sabe, viajo muito a trabalho, tendo presenças em lojas, academias, desfiles e sessões de fotos para campanhas publicitárias. Apesar de amar meu trabalho, é bem cansativo. Então, realmente há dias em que quero somente deitar e dormir. Com relação à alimentação, também é mais complicado, às vezes estou tão estressada que dá vontade de comer alguma guloseima para relaxar.

Somos nós que controlamos nossos pensamentos, nossa mente. Se você realmente quer algo, tem um objetivo a ser alcançado, você vai manter seu autocontrole. No início talvez seja mais difícil, mas, se você desistir, nunca conseguirá trabalhar sua mente. Devemos estar psicologicamente preparados para todas as situações, para não deixar que um pequeno deslize acabe com tudo. Por exemplo, na maioria das vezes, quando estou cansada, tento me animar, lembro-me do meu objetivo e vou treinar. Se estou estressada e bate uma vontade de comer doce, me controlo e procuro uma opção saudável. Tudo perfeito! E sempre é assim? Não, não sou de ferro; como disse, tenho meus deslizes. Mas estou preparada para, se eu faltar ao treino ou comer uma guloseima, no dia seguinte continuar com o meu objetivo; não está tudo perdido. Você não pode se culpar por ter "falhado", mas talvez se sentirá um fracassado se não for forte o suficiente para voltar atrás e continuar sua meta.

Lembre-se sempre de que você é o responsável pelas suas conquistas e falhas. Manter-se focado e com determinação é a sua obrigação.

52

Faça da sua dieta uma diversão

Quem nunca ouviu sair da boca de um *bodybuilder*, ou de alguém que tem um estilo de vida saudável, que nosso *shopping* é o supermercado? É a mais pura verdade. Aprendemos que fazer dieta não é uma tortura, muito pelo contrário, pode ser muito divertido.

Atualmente temos muitas opções de produtos saudáveis no mercado, nas versões *light*, *diet*, zero lactose, zero glúten, zero gordura, que podemos encaixar na nossa dieta. Fazer dieta pode, sim, ser muito prazeroso. Também podemos inventar várias receitas com os alimentos permitidos, basta ter criatividade e boa vontade. Existem vários *blogs* com receitas deliciosas, possíveis de serem degustadas sem culpa. Vamos apagar a ideia de que fazer dieta é a coisa mais terrível do mundo. Se você colocar na cabeça que não vai conseguir, que será uma tortura para você... certamente não conseguirá mesmo. O ideal é fazer da dieta um hábito, um estilo de vida.

Então, peça ao seu nutricionista para fazer uma lista de tudo o que você pode consumir e, na quantidade adequada, elabore suas receitas. Você verá como tudo ficará mais fácil e prazeroso. Seja positivo, sempre! Comece sua dieta dizendo para si mesmo que vai ser tranquilo, que você vai conseguir!

53 Treino

Muitos acreditam que, para ter um corpo esculpido, é necessário um treino diferenciado, fora do comum. Quando alguém pede para que eu fale sobre meu treino ou me vê treinando, percebo que a pessoa fica meio decepcionada. Alguns treinadores ou blogueiros costumam postar vídeos executando exercícios diferentes, nunca vistos. Mas na maioria das vezes isso acontece para impressionar a pessoa que irá assistir ao vídeo ou para conseguir mais alunos ou seguidores.

Eu sempre fiz os exercícios básicos; para mim é o que realmente funciona. Como treino há mais de dez anos, costumo incluir em algum dos meus treinos um exercício que não costumo fazer, para ter um estímulo diferente na musculatura.

Uma questão importante é a quantidade de repetições. Nos primeiros anos de treino eu contava as repetições para me policiar, ou seja, para não fazer menos do que tinha capacidade de fazer. Em *pre-contest* (quando atleta), como precisava secar bastante, ficar fininha, principalmente nos membros inferiores, fazia séries com números de repetições altíssimos. Para membros superiores (costas, ombros, bíceps e tríceps) eu fazia em torno de 25 repetições, e para inferiores (quadríceps, femorais e glúteos) fazia entre 25 e 50 repetições.

Hoje em dia, como não preciso mais mudar meu físico, apenas mantê-lo, meu treino mudou um pouco. Não conto mais o número de repetições, faço até a exaustão, sempre aumentando a carga gradativamente. O treino de membros superiores não é mais prioridade. Treino costas e ombros apenas uma vez por semana, com pouca carga. Priorizo pernas e glúteos; antes precisava cuidar para não hipertrofiar essas musculaturas, tinha até que catabolizar. Atualmente treino pesado, do jeito que sempre gostei. Mostro um exemplo de como divido meu treino:

Segunda-feira	Terça-feira	Quarta-feira	Quinta-feira	Sexta-feira
Pernas (quadríceps)	Abdome	Costas	Pernas (femorais e glúteos)	Abdome
	Panturrilhas	Ombros		Panturrilhas
	Aeróbio	Aeróbio		Aeróbio

54 Aeróbio em jejum: fazer ou não?

É muito complicado dizer que certa coisa é errada ou não. Por isso, gosto sempre de dar minha opinião baseada em minha própria experiência, mas nunca afirmar que algo está correto ou não. Às vezes vemos coisas que para nós parecem absurdas, mas que para outra pessoa dão resultado.

Um assunto muito polêmico é o exercício aeróbio em jejum. Muitos são a favor e muitos acham desnecessário e até um malefício à saúde. A explicação para a atividade em jejum é que, quando estamos dormindo, durante pelo menos oito horas nosso corpo continua trabalhando sem se alimentar; portanto, acaba utilizando as reservas de glicogênio. Então, com a baixa reserva de glicogênio, o corpo irá utilizar a gordura como fonte predominante na atividade aeróbia, ou seja, irá agir direto na gordura. Os que são contra dizem que pode ser prejudicial; fatores hormonais como cortisol alto e GH baixo em situação de jejum farão que haja gasto de massa muscular e não de gordura.

Quando eu era atleta e tinha que reduzir muito meu percentual de gordura, como já comentei, fazia duas sessões de atividade aeróbia por dia. Mas nunca havia feito aeróbio em jejum, e meus resultados eram excelentes. Com essa moda de AEJ (Aeróbio em Jejum), resolvi fazer uma experiência para entender melhor e ver se realmente funciona. Resultado? Funciona, há gasto calórico, da mesma forma que o aeróbio convencional. Mas dizer que queima mais calorias é realmente complicado. Quando faço em jejum, parece que me sinto mais leve e sinto meu metabolismo mais acelerado o dia todo. Quando me alimento antes, consigo fazer o aeróbio com uma intensidade maior e por mais tempo. Então, eu costumo alternar, ou seja, um dia faço aeróbio em jejum e no outro faço me alimentando antes; quando como antes da atividade aeróbia, ingiro somente proteína, sem carboidratos, geralmente um *shake* de *whey protein*.

Minha conclusão é que, não importa a maneira que você faça, o importante é não deixar de fazer. Claro que o aeróbio em jejum nunca é indicado para um iniciante, pois realmente pode ser prejudicial. Faça da maneira que achar que o seu corpo está respondendo melhor. E sempre tenha o acompanhamento de um profissional.

Evgeny Karandaev | Shutterstock

Uma palavra final

Cada um é feliz à sua maneira. Tem gente que acha a maior besteira do mundo se privar das "coisas boas da vida" para ficar com o corpo bonito. Acham perda de tempo, pois, como dizem, "desta vida não levamos nada".

Pois é, mas para mim e para muitas outras pessoas, viver caindo pelos cantos de tanto exagerar na bebida, ficar se entupindo de gordura, fumar, usar drogas... não são as melhores coisas da vida.

Na verdade, algumas pessoas criticam o estilo de vida saudável pelo fato de não terem disposição e determinação para tal; outras, por ignorância no assunto.

Ninguém sabe o dia de amanhã. De minha parte, pretendo viver muitos anos ainda. Viver com saúde, com qualidade. Só quem vive de modo saudável sabe o quanto é prazeroso. Mas não precisamos ser neuróticos nesse propósito. Isso não é ser saudável. Precisamos, sim, ter moderação em tudo na vida.

Espero, de alguma forma, ter ajudado você, leitor. Nunca se esqueça: tudo na vida tem que ter um início. No começo, tudo é difícil; algumas coisas parecem impossíveis de realizar, mas é você que determina seus pensamentos e suas atitudes.

Que a fé, a perseverança e a determinação sempre caminhem ao seu lado.

Sonhe, sonhe muito. Sem sonhos... a vida não faz sentido algum.